文化遗产档案丛书

天津皇会

邵公庄萃韵自立吹会

冯骥才 主编

张彰 张礼敏 著

张彰 摄影

山东教育出版社

邵公庄萃韵自立吹会成立于清道光二十二年（一八四二），会名"萃韵"，有"集百韵为一家"之意。该会乐器以笙、笛、注引为主，主要吹奏佛乐和民间小调，同时又从昆曲、梆子、法鼓、京剧等戏曲艺术中汲取营养。该会曾盛极一时，出过天津皇会。但是随着二十世纪九十年代的城市变迁，该会所被拆迁，至今无下处（会所），而且会员也随着拆迁分散到市里的各个角落。传承成为一个最大的难题，至今已有十多年不再出会。

本丛书为国家社会科学基金艺术学项目
"现代社会转型期天津皇会的研究"系列成果之一

丛书编辑委员会

总序

文化存录的必要

冯骥才

在时代急骤转型时，一部分民间文化的消失在所难免。

这种消失，有的是物换星移与新旧交替之必然，有的则因为失去了存在的土壤，无法再活下去；这是一种无可奈何花落去，一种在时代更迭和进程中的"正常死亡"。

当然还有一种"非正常死亡"：或由于利益驱动，自我割除；或由于浅薄无知，信手扬弃；或由于对致富的心情过于急切，草草处决了历史生命。故而，对于现存的活态民间文化遗产，我们必须抓紧做的事：一是力保，一是存录下来。

存录，就是在一项民间文化（即非物质文化遗产）尚在活态时，抓紧对其进行全面的田野调查，同时运用各种技术手段，尽可能将其完整地、客观地、详实地记录与保存下来。存录的目的是把动态的、不确定的、分散存在的、保留在人们的记忆、行为或口头上的文化遗产，采集下来，进行科学整理，从而为该遗产建立一份永久性的档案。

这样做的目的，一方面使我们对自己的遗产有完整而清晰的认识，有了必备的文献性的依据；一方面在其不可挽留时，还备有一份历史存照，不致烟消云散，化为乌有。这既是对遗产的科学态度，又是对历史创造应有的尊重，也是遗产学的工作之本。

十年来，存录的做法一直贯穿在我们文化遗产抢救的始终，如在中国木版年画、剪纸、唐卡、泥彩塑等诸多方面都进行了系统的存录和建档的工作。历史上，我们对民间文化多是成果或作品的采集。很少通过人类学、民俗学、历史学、民艺学等多学科的交叉和综合角度，进行整体的考察与田野记录，很少使用口述调查与音像记录等手段。这种方法是我们在社会转型期间，对中华民族的历史创造进行地毯式田野抢救时所采用的一种创造性的学术方法。在2009年举行的"田野的经验"国际会议上得到与会各国专家的公认和肯定。

十年来在全国各地已有很多学者与专家对某一专项民间文化遗产抢救时，也使用了这种方法。

这里则是对国家非遗的"皇会祭典"进行了如是的调查、整理和存录。

曾经兴盛于北方重镇天津、从属于妈祖祭典的皇会，具有深厚的文化内涵，浓郁的历史情韵，严格的程序套路，高超的表演技艺与强烈的地域精神。我国民间花会遍布民间，呈现于各地庙会与民间节庆中，像天津皇会这种大规模的都市民俗尚不多见。尤其令人惊讶的是，在当代都市大规模改造和居民动迁之后，这种民间结社性质的许多老会，依然"气在丹田"，凝聚不散，自行组织，自发活动，并没有被商业化，依然朴素地保持着民间文化的纯正性，为当今社会所罕见。表现了这一地域文化曾经扎根于民间之深之牢。同时我们也看到，在现代强势的都市文明的冲击下它面临的黯淡的前景与日渐消解的现实。为此，为这一城市的历史文化遗产建立科学的文化档案是我们必需承担的使命。

天津皇会始于清初，每年阳春三月海神妈祖诞辰吉日举行庆典，城郊各会齐聚天后宫，上街巡游，逞能献艺；一时城中万人空巷，会间百戏杂陈。极盛时期各类花会多至千余道。三百年以来，时代变迁，社会更迭，及至"文革"后百废待兴之时，尚存近半；然而，它所经历的最大的挫折应是近三十年的现代化冲击，致使当下仅存的老会不及百道。对其进行调查、整理、研究、存录及保护，给予主动和积极的学术支撑，都是刻不容缓的事。故此，我院一边将"现代社会转型期天津皇会的研究"作为重点科研课题（已列入国家社科基金学术研究项目）；一边对重点老会开展调查，逐一建立档案。本书便是该档案的文字与图片部分。

此次为皇会立档，一要做史料考证，二要做田野调查。前者求实，后者求真。对每道皇会都涉及其历史沿革、重要人物、技艺特征、音乐曲谱、器物种类、文献遗存、会规会约、传承谱系等等，这些历史上都鲜有记录。调查与印证之难自不必书，存录的价值与意义自在其中。应该说对这一历经数百年极具特色的民俗文化，在其濒危之际，将其完整又详实地存录下来，亦是一个小小的历史性的贡献。

我很高兴，这项工作已被我院一些年轻的师生承担起来了。由于他们此前完成了"中国木版年画传承人口述史丛书"，我相信这一套天津皇会档案能达到应有的文化质量与价值。

文化的存录对一个民族来说，是记忆，是积累，是面对过去、更是面对未来必须做好做细做扎实的事情。

是为记焉。

2013年5月31日

于天津大学冯骥才文学艺术研究院

目录

■ 第一章　源起、沿革与文化空间

一、邵公庄的村落起源与近况/001

二、老会的起源/019

三、历史传说/027

■ 第二章　会规与会况

一、入会/033

二、会规/037

三、日常运行/039

四、出会：设摆与行会043

五、技艺传习/052

六、会与会的交往/055

■ 第三章　程式与技艺

一、传统曲目与流变/059

二、表演程式/062

三、绝活儿/066

第四章 器具与遗存

一、仪仗执事 / 068

二、乐器 / 072

三、乐器的制作和演奏 / 077

四、服饰 / 079

第五章 传承现状

一、社区拆迁 / 081

二、记忆缺失 / 091

三、经济来源 / 094

第六章 传承人口述

一、会头姚俊岐 / 095

二、赵家兄弟 / 102

附录一：邵公庄萃韵自立吹会传承谱系 / 114

附录二：邵公庄萃韵自立吹会器具遗存登记表 / 115

附录三：邵公庄萃韵自立吹会方言称谓 / 116

后记 / 118

第一章

源起、沿革与文化空间

一、邵公庄的村落起源与近况

天津的地名有多套命名系统。天津早期名"直沽寨"、"海津镇"和"天津卫",不管怎样演变,均离不开"三点水"。俗话说天津位于"九河下梢",地势低洼,潮湿多水,南运河、北运河、永定河、子牙河和大清河五大水系,分别从西南、西、西北和北四个方向汇聚天津海河干流,从大沽口入海。所以天津带"沽"字的地名很多:塘沽、大沽、汉沽、葛沽、西沽、后沽、大直沽、咸水沽、丁字沽……与河有关的"口"(河口)、"嘴"(河湾)、"圈"(周边被水围起的地方)、"堤"(堤岸)、"桥"、"闸"(水闸)、"码头"、"渡口"也很多,如邵公庄附近的西横堤和邵公庄闸桥。还有一些地名与历史人物有关,如邵公庄。

今邵公庄街道因邵公庄得名,位于天津市红桥区西南部,北靠津浦铁路,南至南运河与芥园街道隔河相望,西至西横堤与西青区接壤,东至西站前街与三条石街为邻。面积约2.95平方公里。地势西高东低,南运河流经界内,中环线和西青道贯穿街境。[1]

1. 邵公庄与"邵老公"

传说明朝末年,邵老公(宦官)侍奉皇上多年,告老还乡时,皇上赐

---

1. 红桥区人民政府,红桥区地名办公室:《天津市红桥区地名录》,1988年7月,第29页。

他封地，说："你一口气走出多远，就可占多大地方。"他想，一口气才能走多远？皇上并没说是人的一口气还是牲口的一口气，于是跑马三天，跑到哪儿，哪儿的地就算他的。他所圈占的土地，就是今天的邵公庄。他喜欢海棠树，便在庄园内外种了好多海棠树，所以这片土地又添了个新名字叫"海棠庄"。邵公庄的那片海棠树，直到清朝末年，依然枝叶茂盛。文人墨客们还曾留下过不少诗篇，其中有一首《邵公村看海棠》，诗云："邵公村里频相约，邀我来看杜母花。何物轻盈堪比似？一枝春雪蘸朝霞。"还有说这位邵老公爱杏花，所以此地也叫"杏花园"。

据说邵公庄诞生比天津卫还要早，有俗语称"先有邵公庄，后有天津卫"，但是这类俗语很多，如"先有娘娘宫，后有天津卫"，可能是当地形容历史悠久的一种固定修辞格式。道光《津门保甲图说·西北城角图说·第七》的地图内记有"邵龚庄"名，位于南运河北岸，

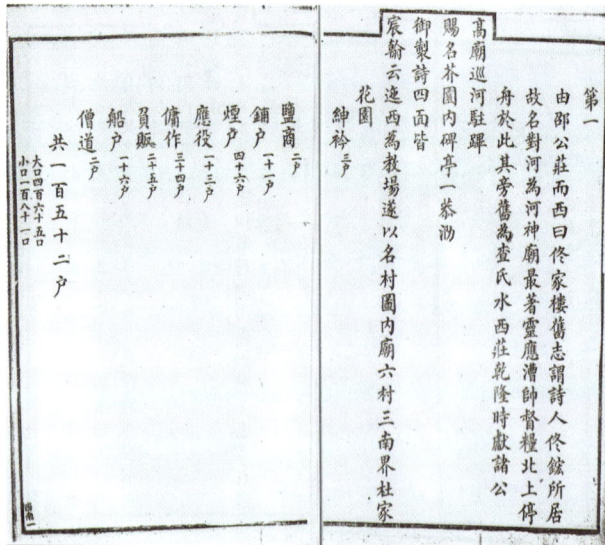

《津门保甲图说》中的邵公庄概况

与西码头隔河相对，东有旧炮台，南望芥园，北路通杨柳青，文曰："由接引庵稍西尽西北城角为一图。地枕南运河，河北村镇亦少。而粮艘北輓必由此而过。天津关夏秋间帆樯云集，负缆者邪许相闻，尤稽巡之要地也。"《津门保甲图说·西南一带村庄图说》则说："津城西南为南运河经由之处。每年夏秋间，帆樯络绎，水手如云，其中有游帮青皮等名

色，率非善类。自盐禁加密，更多滋事。近来法令严，始稍稍敛迹。治津者必加意焉。水陆皆通静海县，近河诸村田园相望，因绘西南一带村庄。"《津门保甲图说·西南一带村庄图说·第一》记载："由邵公庄而西曰佟

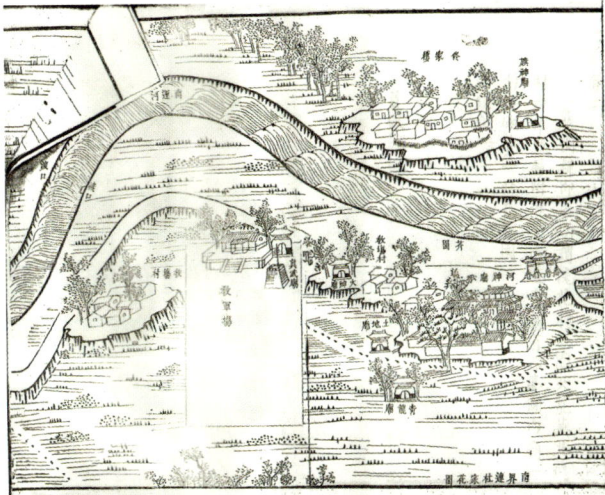

《津门保甲图说》中的邵公庄地理图

家楼。……乾隆时献诸公高庙巡河驻跸，赐名'芥园'。"比照简体字版的乾隆年间《三岔河口地理态势》示意图[1]，再参考漕运位置、官评民风，可知"邵龚庄"即为"邵公庄"。但"龚"字的使用，是否是因为立村时村内有此姓氏，而邵老公的传说为后世附会，此处存疑。

另一说这邵老公的故事发生在清初。清初，在京畿地区确有跑马圈地一事，目的是为八旗官兵置产，但是否有宦官享受过这种待遇，《清实录》和《清会典》中并没有记载，也没有关于宦官到邵公庄和杏花园一带定居的记述。

之所以有这样的关于海棠、杏花的传说，可能跟这里为花市故地有关。《津门杂记》记载："津沽极目无寸山，绝少游览之地。城西四五里，村名芥园、小园，大觉庵等处，人多艺花为业，所开花厂甚多。千红万紫，灿若朝霞，聊可供人玩赏。花农于每日清晨担花售于市，人争购之。"《津门杂记》是光绪十年（1893）成书，虽比邵公

1. 红桥区人民政府，红桥区地名办公室：《天津市红桥区地名录》，1988年7月。转引自《天津城市建设新志》。

3

庄的肇始晚了很多，但比现在传承人的记忆要早许多，也许能作为传说的一种解释。

2. 邵公庄的村落记忆

据传说，邵老公雇了四大管家，有给他种地的、赶车的、看家护院的，还有管账的先生，这四大管家是姚、冯、宋、刘四大姓，一直跟着邵老公，没有离开这个地方。现年78岁的姚俊岐的长辈据称就有在邵公庄庄园中担任护卫的。姚俊岐说："我二大爷是'地方'，我爷爷姚双全是'庄主'，还是会头，我老太爷是'绅士'，我老太爷的父亲在这儿是护卫，是邵老公的保镖护院，一代代传下来，这有历史记载，不能说错一句。宋家是干嘛的？四大户的宋家就是给人家赶轿车的，后来庄稼地收东西，用大车往家拉东西；刘家管账；冯家管地；我们姚家保镖。姚、冯、宋、刘四大户，再后来的都是东来一户，西来一户凑起来的。"[1] 这段记录有一定真实性，因为在邵公庄萃韵自立吹会的传承人流传的口头历史中，以这四姓人的技艺传承故事为多。

姚俊岐还提到："邵老公没有后人，传了冯、倪二家，冯、倪二家卖官地打官司，冯家争多少地，倪家争多少地，都是人家邵老公的地，最后国家判这场官司的地完全没收。没收之后，没人种没人管，国家又卖官地，卖给王光美、王光英他们家前辈，以后就都成了他们家的地。往西走是石万程（杨柳青石家大院的主人）的。青龙苍河头一直到韩家铺这一带都是王光美他们家族的，那过去都是邵公庄邵老公的地，国家没收完了卖官地，这就是庄的来源。哪是义地，邵公庄西边，安徽义地，海张五坟地就在这一块。"[2]

从传承人的口述史记录中我们可以看出民间和国家权威在一块土地

上的博弈过程。先是封赏，使土地私有，又因为归属权纠纷，统一收归国有，被当地望族买走，土地又变为私有。如今望族已经消亡，而作为普通百姓的邵公庄庄园的后人们却对这块土地有了强烈的认同。

王治昌光绪二年（1876）生于直隶天津县，曾任段祺瑞政府农商部代理农商总长。王治昌曾以公使的身份作为中国代表团成员，参加了两次重要的国际会议：一次是1919年举行的讨论第一次世界大战结束后对德和约的巴黎和会，还有一次是1921年举行的讨论裁减海军军备和太平洋问题的华盛顿九国会议。王光美是王治昌的长女、"中国幸福工程"的发起者；王光英是王治昌的六子，1983年组建光大公司，并任中国光大（集团）有限公司、光大实业公司董事长兼总经理、名誉董事长。

石衷于乾隆五十年（1785）落户杨柳青，石万程是石衷之子。道光三年（1827），石万程的儿子石献廷去世，其子嗣遵照父亲遗嘱，分家另过，各立堂名。按照这个时间推断，石万程肯定出生在1785年之前。姚俊岐老人的这段记述在时间上无法对位，但这段描述中提到了很多细节，似乎是"回忆"，而非"杜撰"，只是需要解析罢了。石家大院也在南运河边上，买南运河边上的地倒也不奇怪，而王治昌故居在何处，今已完全不可考，遂难以确认王家与邵公庄的联系。

3. 邵公庄与南运河

邵公庄位于红桥区西南部，紧靠南运河。南运河、北运河、子牙河三水交汇处俗称"三岔河口"，为津门摇篮，历史上多以渔盐为业者。

《天津通志·水利志》记载：南运河乃人工运河。南运河是京杭大运河的一部分，曾称"御河"、"卫河"等。京杭运河自山东临清流经德州、吴桥、东光、沧州、青县进入天津静海、西郊杨柳青一带，位于天津故城北；经邵公庄、赵家场、河北关上，至三岔河口处与北运河（明代以前称潞河、潞水）、子牙河（又称西河、下西河）交汇，形成海河干流入渤海。因其位于北运河以南，故名"南运河"[1]。

东汉建安十一年（206）曹操开凿平虏渠，南迄参户（青县境内）北行入泒水，与东汉建安九年（204）开凿的"引淇水入白沟"共入清河，为后来开凿南运河奠定了基础。隋大业四年（608）重修永济渠，基本上利用曹魏时旧渠。因沁、淇两河合于卫又得名"卫河"。因隋炀帝乘龙舟沿永济渠抵涿郡，故又名"御河"。元至元二十年（1283）和至元二十九年（1292），先后开通济州河、会通河、通惠河，从此大运河不再绕道中原，起名为京杭大运河，以天津三岔河口为界，南为南运河，北为北运河。

明、清漕粮运输增加，故又名"漕河"。因分段命名，卫河下至三岔河口称"卫漕"。

今天的三岔河口

南运河南接漳卫河，漳卫河上游有漳、卫两大支流，是南运河的主要水源。南运河自杨庄子横堤（西横堤）至南运河、子牙河汇合处，在红桥区境内长7.3公里，河底宽15至20米，堤顶高程7米，地面高程5米，流量20立方米／秒；左岸建防水墙400米、固堤6447米，右岸建防水墙275米、固堤5734米。沿河建扬水站4座、闸3座、涵洞1座，现为市区排水、蓄水河道。因南运河弯道甚多，常泛滥成灾，故西大湾子、侯家后两处弯道分别于1917年、1918年

1.《天津市红桥区地名录》：（南运河）"因其位于天津以南，故名"。从一系列历史地图上看，南运河、北运河皆位于天津城北，故不取此说。

被当局改建，裁弯取直，自金刚桥东往南，另开了一段新河道，与海河相衔接，取消了北运河须向东绕行金家窑、狮子林的那个大弯，三岔河口从此改变了形状。

邵公庄地处漕运发达的南河岸边，距三岔河口仅数华里，同时临近天津旧城西北部宗教活动场所集中的区域。因为靠近南运河，邵公庄还有保护堤坝的职责。这种保护颇具地方色彩，甚至使河两岸的居民之间形成了微妙的竞争关系。"（大）水一来，御河两边（的居民）盯着河沿儿，两边儿打埝，你也打埝，我也打埝，我打埝是恨不得我这边高点，开你那边儿口子，人家打埝呢人家是惦记着别开人家那边的口子，开咱们这边的口子。两边儿都敲着梆子，都拿着刀枪，护河堤，你别偷着过来把我的河堤给挖了。在大丰浮桥，这段河岸属咱管，从大丰浮桥一直到北辛庄，就是现在咸阳路桥那儿，这段河岸属我们邵公庄管。"[1]

如今的大丰桥

传承人赵正琦20世纪70年代的旧照，背后是邵公庄老闸桥

1.采访时间：2012年4月24日；采访对象：姚俊岐；采访人：史静、张礼敏。

4. 运河与保甲共塑的文化情境

靠山吃山，靠水吃水。邵公庄靠河，原为皇家粮仓所在，河边有仓储、面粉厂等粮食加工企业，所以也多靠河吃饭的人，如船工、摆渡人、装卸工，天津话讲"扛大个儿"，统称"脚行"。"这条南运河是条运粮河，所有天津、北京吃的粮食都打山东那边儿运。粮店靠着河边儿。存粮的地界儿也靠河边儿。怡和斗店（粮食集市或集散地）、福星面粉厂、寿丰面粉厂，都在河边儿（河边原为存粮处，分南仓、北仓）。"[1] 南运河的河道两边都有码头，比较热闹，对面都是庙，一有庙会，就有各种吹的会和唱的会，多是码头人成立的会，属于码头庙会，当时聚居于此地的村民大多信奉佛教，并在村内自发组织了佛乐班子。

百川归大海，靠河吃饭的人对海也有感情，而天后娘娘是海神，祭拜她是少不了的。口述人在访谈中不断强调邵公庄周边是"退海地"，在邵公庄人的眼里，三岔河口就是入海之处了，是大海退去后形成的陆地。在没有裁弯取直之前，三岔河口的确是在狮子林桥的。对于河边的居民来说，三河汇聚之处是介于河与海之间的连接，这种连接被当地人称为"海口"，也不奇怪。姚俊岐说：

> 法鼓如何而来？跟七十二屯人民近海有关。拿同心法鼓来说，为嘛它的法鼓老？它在七十二屯第一屯，永丰屯。[2] 所以再往南走都是海，哎，现在退海给退到塘沽去了。东边的金刚桥那儿，狮子林桥，正式的海口在那儿，望海楼，一低头就看见海。七十二屯居民在出海时会烧香敬神，一般在每月初一和十五，有时要表演法鼓。[3]

---

1. 采访时间：2012年4月24日；采访对象：姚俊岐；采访人：史静、张礼敏。
2. 屯的先后顺序按照赵正琦老师的说法，应为下游向上游推算，一直到静海县的唐官屯、陈官屯等。所以永丰屯是第一屯，因为位置最低。
3. 采访时间：2013年11月13日；采访对象：赵正鋆、赵正琦；采访人：张彰、张礼敏。

过去每逢初一、十五，御河两岸就会摆上鲜货（水果）、点心，点心上要带"福"字"喜"字，水果主要供苹果，取"平安"之意，给娘娘上供烧香。每次船出海前也要举行这个仪式，还有船工们佛乐班子的法鼓表演。

邵公庄作为"庄"，曾很长一段时间内代行"乡"的行政职能。最多时曾代管十三个村：河北梁嘴子、张家树林、佟家楼、北辛庄、西站、南竹林村、北竹林村、同义庄、同福庄，现在的十间房（小鬼庄）、北菜园儿等等[1]。"过去的庄子，有连庄会，这个庄护那个庄，那个庄护这个庄，庄子里本来有武术，但是家长都不想让自家孩子练武术，所以，就都进了吹会。"[2]

"连庄会"也叫"联庄会"，是由村民们自发或半自发组织的一种民间自治团体，由男性村民组成，修习武术，保护村产。邵老公的四个管家中就有专管看家护院的，可以推测邵公庄可能成为当地联庄会的为首者。天津曾因京畿防卫和漕运管理而实施义民局和保甲局制度，义民局是民兵动员机构，"各保一方，与兵丁、乡勇有别，只令自行操练，勿庸伺候官操"，与救火会（水会）是一套班子，两套制度；保甲局是联防机构。《津门保甲图说·设立义民局告示条规》记载：

> 古人按村选丁，编伍练勇，以资守望之助，洵属良法，所宜尊（遵）循。当经本道督饬，天津府县召募救火会中义民定期操演。在案兹据绅士解开祥、曹鹿苹等，以津城内外向分二十堡，每堡挑选壮丁，各自团练，保卫身家。其殷实之居民铺户，量捐经费，酌议条规，禀请核示。……每堡各举健丁，皆系习见之人，莫不深知底里，较之官为召募，更见得力，自应一体照办。

---

1. 姚俊岐老人对此记忆不全。
2. 采访时间：2013年11月13日；采访对象：赵正鋆、赵正琦；采访人：张彰、张礼敏。

义民局从城内立起，并西头、河东、河北、估衣街、宫北、南斜街、马街口，按甲设立，约计二十局。查津郡城内外向分十八堡，此次设立义民局，酌分为二十一局。海内南北两岸至大沽各村设六十局，其东北乡之宜兴埠另为一局，又葛沽、新城亦各为一局。

义民局制度始于道光年间，是纳尔经额因为道光二十年（1840）英军在渤海游弋，登岸骚扰，所以上奏建议在北塘及沿海一带组织团练，维护地方安全。这一奏议得到道光帝的批准。不仅在北塘，而且从城区到大沽口沿河村庄，开始组织团练：

晓谕为此示，仰津郡士商民人等知悉，各按堡分段落，公举诚实绅士，董司其事。每堡视人户之疏密，定团练之多寡，或数十名，或百余名，开具年貌，登记簿册。每月初一日齐集公局，查点一次，仍令各归本业。不假书役之手，并无传呼之扰，有警则奋勇争先，无事则各安耕鑿（凿）。

各局自会有期，操演有期，请官查验有期，不妨生理。村各为局，在局皆本村壮丁，不准雇募，恐奸宄溷迹（混迹）也。局各为守，此局之人不得搅（掺）入彼局，恐越境滋事也。

局皆设旗纛，上书某处义民局，别界址也。

义民设立总纛，按水会式样以为招号，复设小方旗，每头各执一旅。

各义民自保一方，与兵丁、乡勇有别，只令自行操练，勿庸伺候官操。

设械器不用例禁之物，便习练也。

清朝对地方安定非常重视，清初顺治元年（1644）就设立了里甲制度，但推行并不顺利，竟至于"数百年来此举几视为具文矣"[1]。康熙

---

1. 王凤生：《保甲事宜》，载《古代乡约及乡治法律文献十种》第2册，黑龙江人民出版社，2005年版，第77页。

四十七年（1708）对保甲制有明确的规定："一州一县城关各若干户，四乡村落各若干户，户给印信纸牌一张，书写姓名、丁男口数于上，出则注明所往，入则稽其所来。面生可疑之人，非盘诘的确，不许容留，十户立一牌头，十牌立一甲头，十甲立一保长。若村庄人少，户不及数，即就其少数编之。无事递相稽查，有事可互相救应，保长、牌头不得借端鱼肉众户。客店立簿稽查，寺院亦给纸牌。月底令保长出具无事甘结，报官备查，违者罪之。"[1] 由此可见，道光年间在天津设立的义民局是在保甲制的基础上设立的，旨在加强地方政府支持的公益组织对地方的控制，以此来维持地方的稳定，"攘外靖内"。

各义民局的活动经费由经济条件富裕的铺户捐助，一般家庭不必负担，并将收支情况公诸于众。经费来自庄户自筹，各家依收入多寡自己决定出资，这种出资方式一直延续到老会中。"有钱了富裕了，你就给会里多拿几个，没钱不富裕就少拿几个。到出会的时候，有钱没钱你都得拿。"[2] 这可以视为是地方政治制度变迁的一个例子，原来用于抵御外侮的财政安排被地方精英理解为"助会"的合法性来源。因为外地商户来邵公庄做生意，这在保甲制的规定中是灰色地带，同时给本地人针对外地人的种种行为提供了理由："不敢得罪地方。你得罪地方，明天大门给你弄个死倒儿（尸体）搁那儿了，打人命官司去吧！这人在你门口死的！对吧？那个社会谁敢惹？弄个抽白面儿的，'啪'给你搁大门口了。明儿早上一看，这儿一死人，一报告，'来来来，这在你门口死的'，你这买卖就'络络纲'了，谁敢惹啊？要几个给你几个吧。这就说嘛呢，多俩钱儿，少摊事儿，别财迷。也不常要，人家出会了，助助会，对吧？来源在这儿。外边儿给我们多少钱我们也不要。"[3] 清末邵公

1.《清朝文献通考》卷二二《职役二·保甲》，浙江古籍出版社，1988年版，第5051页。

2. 采访时间：2013年11月13日；采访对象：赵正鎏、赵正琦；采访人：张彰、张礼敏。

3. 采访时间：2012年4月24日；采访对象：姚俊岐；采访人：史静、张礼敏。

庄附近的商户有"毯子刘",做地毯出口,"鸡毛刘",做鸡毛掸子,同义香店、庆义香店,是做香的,还有于记胶厂、宋记胶厂、华北卤厂、中德胰子公司、三全永菜场子等等。

作为民间组织,正如姚俊岐老人所讲,团结、义气是首要的,一个庄里的人不能有二心,有多大能耐就应该为庄子尽多大力。"有钱的(人)助会啊,你拿个二百块'大头'(指银元,因有袁世凯头像,俗称'袁大头'),因为你有钱。没钱的呢,拿一块。我们这儿得比量,你这一块钱的力量比那二百的力量还大呢!因为你没有钱!你比他还难啦!他出二百块不难,你出一块都难。所以拿五毛也是会员,五百块也是会员。你根据你的经济来源,你有五百块,你不往外掏,咱这会怎么出?你是头儿啊,委员!对不对?就依靠你们这些有钱的出会啊。咱说,他卖一天青萝卜还赚不了五毛呢,你叫他往外拿?他也拿,今天这个饭不吃,他也得给会里交会费。要出会了嘛!团结,主要就是义气,都是一个庄子的人。邵公庄这一庄子特别团结。"[1] 这种朴实的民间情感是以庄为单位的群体生活必不可少的元素。

可以推测,当时的天津这种组织非常普遍。邵公庄的吹会很可能就是在保甲制的基础上发展起来的。"早时,没有什么别的娱乐项目,所以,村中的男性大多入会。有些没有成家的青壮会员,便住在会所,一是为了看管库房,二是遇到庄子有事,随时可以冲出去保庄护院。"[2]

"天子津渡","九河下梢",漕运和盐运发达,自然有不少人从事海上运输和繁重的搬运劳动,这样的行业逐渐形成行业自律,我们在口述史记录中看到的很多信仰、习俗是与这样的地理和这样的行业分不开的。在这样一个由近海与河流构成的地理空间内,一种守望互助、凑

---

1. 采访时间:2012年4月24日;采访对象:姚俊岐;采访人:史静、张礼敏。
2. 采访时间:2012年11月13日;采访对象:赵正鋆、赵正琦;采访人:张彰、张礼敏。

热闹、讲义气，同时争强好胜和要面子的性格逐渐形成。

5. 邵公庄的"在理教"

在调查中，还提到了"在理儿"，这是当地一度兴盛的民间信仰，邵公庄信理教者众多。

"在理教"又称理教、理门、理善会、白衣道、八方道，创立于清康熙中叶，是一支在教义思想上迥异于清代大多数民间宗教的新型教派，可以算作是无为教的分支。其创始人是一位具有反清复明思想的明朝遗士，这就是被在理教信徒奉为第一代教宗、尊为"羊祖"的羊来如。羊来如原籍山东即墨，本名羊宰，也作"扬莱儒"，教内称羊祖。据教内传说，他生于明天启元年（1621），曾登崇祯癸未进士，入清避世，云游天下，宣传反清复明思想。与明末清初大多数民间宗教教派的教义思想不同，羊宰创立的在理教，以佛教信仰中的观音菩萨为最高神灵，以道教内丹为修持功夫，以儒家五伦八德为教义核心，通过"正心修身"内圣之道，达到克己复礼、天下归仁的尧舜境界。为了保证教义的实行，羊宰定有八大戒律：不吸烟、不饮酒、不烧草香、不焚纸帛、

《理门弘明集》中的在理教祖师羊来如肖像

不拜偶像、不吹打念唱、不书写符咒、不养鸡猫犬等。其中，以不吸烟喝酒两项为最主要的戒律。具体到邵公庄，则为"三不要"，即"不孝子不要，抽白面不要，白钱（小偷）不要"。

羊宰创立在理教后，先后在直隶的八个地方收了14名弟子。清康熙四十五年（1706），羊宰回到歧山澜水洞，从此再也没有下山传道。至清康熙五十七年（1718），又有10人陆续上山皈依，是谓"歧山十大弟子"。在羊宰亲传的24位弟子中，张吾山和毛芝兰对在理教的传播与发展起到了承前启后的作用。张吾山见佣工尹松岩（又名尹来凤）秉性忠厚，心地光明，做事有谋，便于清乾隆十二年（1747）收其为徒。清乾隆三十年（1765），尹松岩在天津城西永丰屯建立了在理教第一座公开活动场地——积善堂公所，史称"西老公所"。

在邵公庄，信仰理教者称为"在理儿"，不信者称为"不在理儿"；以前信仰该教、遵守教规，后来破戒，不再遵守，称为"开理儿"。信众信仰"五句箴言"，其内容"上不能传父母，下不能传儿女，路不能传朋友，如果泄露，天打五雷轰，永世不得翻身。如有大灾大难，一打坐，闭眼睛，念五字箴言，各种灾难全部灭无"。这五字箴言据张国禄《理门回忆录》记载，原为"反清复大明"，后改为"观世音菩萨"，是吸收民间信仰演化的结果。萃韵老会第七代会头姚俊岐小时候加入该教，解放后"开理儿"。他说："这五字箴言就是'观世音菩萨'五个字，只有自己知道，不准泄露。邵公庄此地原来有疯狗，被疯狗围上时，即刻打坐，闭眼念五句箴言，疯狗就会跑走。"[1]

加入理教教门的仪式，是给菩萨磕头，两边陪坐老者（老在理者），中间是当家的。在理儿后，就要孝顺父母，多做善事，进入公所后要规规矩矩，不能大声讲话。"在理儿，就是教人学好，不抽烟

---

1. 采访时间：2012年4月24日；采访对象：姚俊岐；采访人：史静、张礼敏。

不喝酒，说话不带脏字。谁家有事，就研究一下集体帮助，谁家死人了，买不起棺材，就核计一下给买个棺材。堂，属于老道性质的。公所，就是公共场所，具有公共性质。"[1]公所是该村"在理"的人聚会、活动之场所。公所里很干净，不让小孩儿进。公所里有规矩，不可以在里面打闹，不能在公所内口出恶言，不能抽烟喝酒等。在理教的教义对庄户的儿童来说是一种道德启蒙教育。"旧社会，我们庄子，有连庄会，……武术早就完了。那阵儿，都不想让自家孩子练武术，所以，就都进吹会了。"[2]

姚俊岐还讲述了一个传说，以此证明邵公庄人和在理教信仰的密切关系。

"尹老仙师是西边鱼市粉房一个小伙计。观世音菩萨一共有三个徒弟，第一个徒弟羊祖（羊如来），羊祖度八方，第二个是毛来池，第三个徒弟是尹来凤。尹来凤没成道，观世音菩萨就让二徒弟毛来池给三徒弟送法，毛来池问，三弟在哪儿，我怎么送。观世音菩萨说，你三弟肩担日月，走起道来驾起祥云。看见了，那就是你三弟，叫尹来凤。这个二徒弟来到邵公庄西边小梢直口村，正好小伙计送货去，挑个挑子，前面是锅巴，后面是粉皮，过去都是土道，就像是驾着云彩似的，前面是锅巴，像太阳，后面是粉皮，像月亮。毛来池一看，就叫道'三弟'，就把法传给他了。尹来凤回去后，不出来，他的老板也是老公所的当家的，就嘀咕：'怎么老不出来呢'，一看，佛光普照，就把他请到西边老公所做当家的，这就是尹老仙师的故事。"[3]

邵公庄"在理儿"的人多，多行善事蔚然成俗。"在理儿的人，清明前后出去扬骨。旧社会枉死的人多。看有骨头露在外边的，要挖个

1.采访时间：2012年4月24日；采访对象：姚俊岐；采访人：史静、张礼敏。
2.同上。
3.同上。

坑给埋了。如果有两具骨头，要挖两个坑分别埋，不能埋在一个坑里。刨坑的时候，用'方便铲'，铲上有铃铛，铲土时发出叮铛之音，是为了告诉土地里的各种小虫子，清明虫子要出来，铲子一响，告诉它们赶快躲开。这样即便他们铲到小虫子，也就没有罪了，因为已经警告过它们。在理儿的人不能杀生，农历腊月初八时要吃一天素，还要舍腊八粥，给观世音菩萨磕头。"[1]

6. 岁时信仰

过年时，村人要敬财神和灶王爷。财神、灶王爷和菩萨都要去天后宫请。

敬灶王，在平常日子里，要早起给灶王爷供一杯清茶，过节时要上香。腊月二十三灶王爷上天，讲究就多了，要买草料，给灶王爷喂马用。要买糖瓜儿，糖瓜儿就是用糖稀做的小瓜儿和小元宝儿，各种各样，蘸上芝麻，给灶王爷上供。到二十三的晚上，灶王爷该走了，用糖瓜拿火撩黏了，把灶王爷的嘴粘上，希望他"上天言好事，回宫见吉祥"，多说好话，多带好事。年三十，灶王爷又回来了，"佛龛买来了，得给他供上，说是灶王爷回来，实际又买了一个捆那儿。"[2] 在大年三十那天上供，要有供果，像小八件儿、茯苓糕、槽子糕，还有各种各样的芝麻糕等。

敬财神的仪式和年俗紧密联系在一起。传说"年"是一只怪兽，专门吃小女孩儿，为了吓唬它，年三十儿这一天家家穿红、挂罩，悬灯结彩。所谓"挂罩"就是扎大彩子，在过去是富人家才能扎得起的。"一到年了，大家主儿那大门楼扎的都是花彩子、大彩子，大彩子上面儿四个灯：'普照宣明'，一边摆的是摇钱树，另一边摆的是聚宝盆，当中间

---

1. 采访时间：2012年4月24日；采访对象：姚俊岐；采访人：史静、张礼敏。
2. 同上。

儿影壁前是一个大金银，两边儿对着的是金银金月过新春，大红对子贴满门。"除此外，大户人家还会雇人彻夜燃放烟花炮竹，"一买就是十筐二十筐的搁那儿放，这样闹一宿"[1]。

大年初一，给财神爷上香。此日忌女不忌男，男孩儿可以来拜年，女孩儿不能来，为的就是不让女孩子被"年"吃了去。

大年初二，"进柴（财）进水"，把门口的水和柴火拿到屋里来。在市场上，"说开市话的"就来了。说开市话就是说点利市吉祥话，以此讨钱。一般都是由"全活儿人"从事，即父母健在，夫妻和睦，平辈兄弟姊妹都有，膝下儿女双全，有儿媳妇。他们一拉店门儿就大声喊："开市的来是大发财！宾客频收是越花越有；开市的炕头儿坐，金垛银垛！"他给店家说点儿吉祥话，掌柜的给俩钱儿，这就开市了。走时他会说："开市的走，全家有！"开市之后就"升"财神爷，就是把财神爷烧了。升，升天之意。家家户户到初二开完市就不忌人了，小女孩也能进来了。

请菩萨主要是去天后宫，那儿有很多出售菩萨塑像的人。请了塑像之后，把它抱到娘娘宫里，娘娘宫有"理事"，请他给塑像开光，这尊塑像才算有了神力。也有人去大悲院或文化宫开光，效果也一样。姚俊岐家的菩萨，从大儿子未降生时就已开始供奉，现在大儿子53岁，菩萨供奉时间也有五十多年了。

除此之外，邵公庄还有"净神"姜子牙。以前庄子外曾有大片的"开洼地"，杂草丛生，里面藏着不知多少动物，而各家祖先也大都在此地埋葬。因为村里的孩子们常在这里玩，大人们怕孩子遇到"脏东西"，或是冲撞灵物——尤其是狐、黄、白、柳、灰五路大仙，所以过年过节时会给净神和祖先烧纸。村民认为，烧纸一定要烧黄颜色的，不

1.采访时间：2012年4月24日；采访对象：姚俊岐；采访人：史静、张礼敏。

能烧白纸钱。因为黄钱敬神，白钱飨鬼。烧黄钱后，如果孩子们在开洼地遇到麻烦事，收到钱的神都会保佑。过年也有人请绘有"净神"的门神，上面写着"太公在此，众神让位"。传统民居的门板与现在不同。双幅门板一般是院门或堂屋的，内屋的门则是单幅门板。净神门神是贴在里屋门上，所以是单幅。

我们已大致勾勒出了邵公庄的地理和文化位置。张士闪教授在《京西幡会：一个追求"天人吉祥"的联村仪式》一文中提到："民间的群体性仪式表演活动代表着一种古老的社区文化传统，长期存在于华北乡土社会中。作为历史上遗留下来的地缘组织形式之一种，它们以'酬神'兼娱人的仪式表演，承担着凝聚社区和社会教化的功能。"并将这种仪式（毋宁说是一种组织形式）分为"家族仪式、村落仪式、联村仪式、跨区域仪式"[1] 邵公庄一带是有"在理儿"信仰的，多由船工、脚行等劳动人民组成的并以保甲制为组织传承的一个群体，以代际传播为时间谱系，以邵公庄为核心的空间场域，在这个基础上，诞生了邵公庄萃韵自立吹会。

---

1. 张士闪：《京西幡会：一个追求"天人吉祥"的联村仪式》，《艺术探索》，2007年第3期，第43-51页。

二、老会的起源

邵公庄萃韵自立吹会正式成立于清道光二十二年（1842）农历七月十五，以家族传承和地缘传承为主，至今已有160多年的历史。当时居住在邵公庄附近的花农、菜农、船工等，利用农闲时节或工余时间自发聚集在一起，研习音律，自娱自乐，以集体吹奏乐器作为一种休闲方式。当时，天津城西有许多庙宇，特别是每年的盂兰盆节（农历七月十五）都要在邵公庄的下游举行佛事祭祀活动，演奏佛乐，放河灯等。受周边环境的影响，当年村庄里一位冯姓祖先"老憨爷"，把乐手们组织起来，利用村庄内的土地庙为活动场所，组建成具有相当影响力的邵公庄萃韵自立吹会。老会传承人赵正鋆先生讲述道：

> 萃韵（吹会）是道光二十二年农历七月十五起的会，这个很确切。过去的人特别重视中元节。因为邵公庄靠南运河边，这个河里头，难免有淹死的人，这是其一。第二呢，这个邵公庄以前没有这些吹的打的，有事时就得请（外面的班子），可是（南运）河那边一个价钱，河这边一个价钱，一过河，双倍的钱。所以邵公庄的祖辈人呢，就说咱们农民有冬闲啊，地都铲光了，没事了，有的就出去做小买卖，有的就在家守堆儿，咱们也练练吹不好吗？大伙儿就开始练。从冯家的祖先，叫"老憨爷"，具体叫嘛名字，说不清了。老憨爷就组织起来，人们就开始练习吹笙啊，吹管儿啊，吹笛儿啊，有嘛事就不用请人了。村里就是义务性的了，本庄子的事就给吹吹。为嘛七月十五呢，因为这个时候经常有横死的人。我们西边有个张家树林儿[1]，也属邵公庄管，经常吊死人，河里呢经常淹死人。怎么办呢，到七月十五中元节放河灯，放河灯怎么放呢？就

1.大盐商张瑞文（海张五）的坟地。

得吹着放。不能就那么（安安静静地）放了就完了。就得吹各种曲子，以佛曲为主。这是刚开始的时候。

后来呢，这个事由就传给他（老憨爷的）一个儿子、一个侄子，这两个人就又开始组织。这两个人呢，一个叫冯永发，一个叫冯永顺，哪个是儿子就不知道了。传下来以后呢，就比较正规了，也开始吹点戏曲跟小曲儿，主要是河北梆子。吹这个就不拿管子吹了，而是拿那个"洼引"吹。这个洼引，我们俗称就是"嘴子"。你看过管子上那个嘴儿了吗？跟那个意思大概齐，接近。做这个嘴子呢，我们不外传，每一辈儿也就一两个人做，每次也就做两三个，按那个D调啊，C调啊，F调，不多做。那年七月十五呢，就正式成立了会了，形成规模了。这个规模呢，要十二传笙，八管笛儿（那阵儿还是管子），也配上锣鼓响器。那时候具体什么鼓什么锣，我不知道，据说那时候有云锣。后来这管子就换成了洼引，一换洼引就也吹戏也吹曲儿，就不是单一的佛曲了。后来锣鼓也固定了，就跟那个京剧场面一样，也有文武场。到了同治年间，改的吹京剧，后来就主要是吹京剧。邵公庄是请的宫北教法鼓的杨六爷，宫北宫音法鼓的会头。出会你不得有行会的家伙吗？一人抱着个笙那哪行啊？得响啊，就拿那个法鼓引路，法鼓是前行。法鼓前行你也得知道嘛点儿啊，一开始是受大觉庵金音法鼓的影响，后来就是宫音法鼓。咱天津第一拨法鼓得算大觉庵，是从庙里传出来的，属于是法器。邵公庄吹会正式成气候，就是在同治年间。全称呢，就是"邵公庄萃韵自立老音乐"，过去没有"会"字，现会名是1983年改的。

冯永发、冯永顺老了以后呢，又出来李云鹏李三爷，组织这个。他又老了以后呢，又有姚双全姚二爷，这是第四代。之后又是谁呢，刘恩藻刘六爷。再往后是冯文贵（冯三爷），是老憨爷的后辈。到这儿就解放了。这些人的出生年代都不好查了。……比如说我吧，送十个老钱，你呢比我富裕，送十五个。大伙儿一块凑钱，要不怎么叫"自立"呢，多穷就是有一个老钱也送去。我们不要外人的东西。过去截会啊，让你吹一段儿，那儿摆点心，拿板凳一横，你走不了了。"哗"——摆十斤点心，一块也不动人家的，自己挑着，自个儿有。有茶筲、茶水，有点心挑子，自个儿挑着。多穷，出去不能穷，"穷家富路"嘛。在村里多穷没事，出去不能穷。一出会了，会员都得穿上大衣裳，不能穿小衣裳。自个儿穿自个儿的，家里实在没有，就借。比如咱俩个头差不多，你趁仨大褂，我一个也没有，你就借我一件吧。

道光年间刚一成立的时候，大家没有地方练习，冬天就在土地庙里吹，大家添钱买炭，找个大瓦盆，生一炭盆火，所以又叫土地庙邵公庄吹会。后来呢，差不多光绪年间，土地庙拆了，改成脚行了，就叫脚行邵公庄吹会。再后来呢，到了民国初年，就在刘三爷私人的房子里，他小名叫"老狗"，我们都叫他狗三爷，具体叫什么名字不知道了。同治年间，京剧刚兴起，那时候传播速度慢，当时有个潘四爷，他教给我们的，还有"小桂花"，是唱戏的，这潘四爷是教戏的，工尺谱。当时是拿轿车子接来的，上面有个月亮那样的棚子，前面有个帘儿，后边有个窗户，那时候还没有胶皮洋车。再往后，邵公庄就到公所里活动去了，邵公庄有公所，最早是传道的地方，理教经会的行坛，叫"集云堂公所"，萃韵老会的东西都在那儿搁着。后来，集云堂也完了。集云堂搁不了，就挖了个地窖存放，在1949年解放天津战役中，两枚炮弹就落在地窖里了，都给烧了。[1]

---

1. 采访时间：2012年11月13日；采访对象：赵正鋆、赵正琦；采访人：张彰、张礼敏。

会的名称是对该团体产生最直观印象的标识，是会对自身技艺和精神追求的定位，凝聚着会众对所在花会团体的理解和阐释。天津民间花会基本上可以分为业缘组织与地缘组织两类，在命名规则上存在的共性是首先标明地点——基本都是会所所在地，最后标明所从事的项目，表明会种。命名规则中的区别在于中间的词语，业缘组织的花会大多不会在地点与项目之间增加精神追求性质的词语，而是使用行业名称；地缘组织的花会则往往有表达祈祷祝福、技艺水平等精神追求的修饰性词语。邵公庄萃韵自立吹会，之所以叫"萃韵"，乃是因为该会吹的"韵调比较萃，不是哩哩啦啦的调儿"（姚俊岐），此外也有"集百韵为一家"的意思。吹会，是指以器乐演奏为主。自立，是不依靠外力，本庄出钱出力，"大多是工人和种地者，其他就是打八叉的，打八叉就是干各种工作的，比如做各种小买卖，没有大买卖家。刘家富点，干的是中档买卖，给会里多拿点。种地的，家里没有吃的，给会里少拿点。不依靠外援，就依靠他们自己，别人没有权力支使他们，因为是会员自己赞助的会。"会头强调该会的"自立"性，"遇到演出，大家砸锅卖铁也要装点门面，为了整个庄子面上有光"[1]。所以，他们的吹会备受当地人民欢迎。该会多年来坚持"自立"原则，积极参加各种义演助演的活动且不收分文，体现出天津百姓卓然的骨气和热心。

冯老憨（冯金荣的爷爷）组织成立该会时，村庄有三百多户人家。老憨爷是第一代会头，第二代是冯永发、冯永顺，第三代是李云鹏（李三爷），第四代是姚双全（姚二爷），第五代是刘恩藻（刘六爷），第六代是冯文贵（冯三爷），第七代是姚俊岐和赵正鋬。[2] "最早的会头老憨爷弄船为生。邵公庄码头多，因此弄船为生者也多，有运输蒲包的蒲

---

1. 采访时间：2012年11月13日；采访对象：赵正鋬、赵正琦；采访人：张彰、张礼敏。
2. 见邵公庄非物质文化遗产申报材料。

包船、运土的土船等。老憨爷在船上是头儿，能掌头能握尾，能东跑西颠，联络船上和庄上的人，当地话讲能'惹惹'，能聚集起大家的力量共同办一件事情。邵公庄人本身很团结，并且有几个会吹乐器的，帮着人上佛去，大伙儿便凑一块儿吹起来。第二代会头是冯永发、冯永顺，也是弄船的，他们能当会头，也主要是因为能惹惹，把会里的东西惹惹来，会里的茶炊子等器具都是他们惹惹来的。能当会头的人都是在邵公庄里说了算的人，如果他在村里没有威望，说话不顶事，则不会有人选他当会头。第三代会头李三爷在河北大街开散货铺子，主要是卖凉席、扁担、耙子、镰等，在村里说了算，有威望，能把会组织起来。第四代是姚双全，他是邵公庄的'地方'，等于邵公庄属他管，死人了，他得报官，卖地买地也都属于地方管。第五代是刘恩藻，第六代是冯文贵，第七代是姚俊岐和赵正鋆。每逢出会，姚俊岐负责搭棚，这棚没他搭不了。他搭棚跟大龙似的，旗一插，里面的东西一摆就很漂亮。如果邵公庄不拆迁，下一代会头就出来了，现在姚俊岐已经七十多岁了，可是因为拆迁，会员住哪里的都有，目前无人能接他的班继续把萃韵吹会传承下去。"[1]

老会产生之初，利用农闲及工余时间吹奏佛乐，乐器以笙、管、笛为主。到清道光年间，创造出音色丰富的演奏乐器——洼引，极大地提高了演出能力。洼引该会的行话叫"嘴子"，能吹出"字儿魅儿"来，跟唱一样，观众觉得很新鲜，离远听尤为好听。此后，老会又不断地从昆曲、梆子、法鼓、京剧等戏曲艺术中汲取营养，广泛地引进曲目和唱腔，丰富自身的演出形式和内容。萃韵吹会一度只有吹奏，后来给娘娘过生日，行会的时候不能吹，只是架着笙等乐器行会，行会时不够热闹，于是在民国年间加入了法鼓，形成既有吹会，也有法鼓的阵势，不

---

1. 采访时间：2012年11月13日；采访对象：赵正鋆、赵正琦；采访人：张彰、张礼敏。

吹的时候就敲法鼓。邵公庄萃韵自立吹会曾出过"皇会",这一事迹在《天津皇会考纪》一书中有记载:

> 千福寺皇会接驾会,因举行皇会,三月十六日天后驾幸千福寺行宫应行接驾,特于二月二十一日,下午开会讨论一切进行事宜,到萧少棠等数十人,决议约请各迎驾会,计请邵公庄吹会、西池八仙、黄绳会、诚议灯社、诚议大乐、宫门大乐、庚济护棚会、绍济护棚会、公善防险社、妙峰山联合总会茶棚,并请公安局通令拆除各巷口栅栏门,以便交通。

在十八日接驾中有:

> 捷兽,挎鼓,中幡,萃韵吹会,辛庄圣字灯亭法鼓,西池八仙,老县署接香,……提灯,提炉,天后圣母华辇,护驾。

因此,该会有资格称为"老会"。在以前,"老会"的名称不得随意使用。赵正銮先生说:

> 会名里这"老"字,按规矩不是哪道会都能加的。比如说"西游记高跷",就不能加"老"字,因为他们成立得晚。加"老"字的一般都是清朝的会,甚至有明朝的。比如"乡祠挎鼓"、"太平花鼓",这些据说就是明朝的会。现在都移位了,一拆迁,一回迁,很多会就散了,比如我们邵公庄,一拆迁就上哪去的人都有了,整个村子都散了。乡祠挎鼓、太平花鼓受过皇封,他们穿黄马褂。据说都是乾隆爷下江南时封的,接驾嘛。没有黄马褂的就没受过皇封,瞎说不行。那黄马褂得供起来,平时不能穿。所以这老会得有规模,有影响。"宁家老高跷",为嘛不叫"宁家高跷老会"呢?因为他们成立说早不早,说晚不晚。挂甲寺庆音法鼓銮驾老会是迎驾的老会;鲜花老会,出会的都是鲜花亭子;百忍京秧歌老会,是道光年间的;宫音法鼓老会,传给邵公庄法鼓的就是这道会的杨六爷。[1]

---

1. 采访时间:2012年11月13日;采访对象:赵正銮、赵正琦;采访人:张彰、张礼敏。

能够挂名"老会"者，需要满足三个条件：第一，此会要有较长历史，其发端至少可追溯至清中期；第二，曾参加过皇会；第三，不但在表演风格方面独树一帜，在表演技巧上要有绝活，更需要得到其他花会的普遍认可，在社会上要有良好的口碑。如"锦衣卫桥和音法鼓老会"，成立时间大致为清朝顺治年间，曾多次出皇会，为保驾娘娘轿辇的五道法鼓会之一，曾参与过1936年最后一次皇会出巡，据《天津天后宫过会行会图》记载，位列第四十九起。

荟韵吹会出会是有规矩的，一般丧事不出会，也很少给人做寿，在个人的诞生礼、婚礼、寿礼以及葬礼这些场合中，该会一般不会出现，该会出会带有宗教仪式的意味，如放河灯、迎送娘娘等。但是也有例外。据称历史上除了给天后娘娘祝寿外，荟韵老会只参与过三次寿礼活动。一次是杨以德请去为其母祝寿，第二次是给名列"天津八大家"的卞十六的母亲过生日。

"会最兴盛的时候是杨以德当厅长的时候，出河灯时两边巡警把道，不让人挤。"某一年的盂兰盆节，邵公庄组织会众吹奏，放河子灯，碰巧被时任直隶省警务处处长兼天津警察厅厅长的杨以德瞧见了。"杨以德来过邵公庄盂兰会。当时杨以德带着两支马队，围着河边儿啊拿马群围着人呢，挡着，不让掉下人去，那两边那好热闹，龙灯龙旗。"于是杨以德特别"请"邵公庄吹会去为其母祝寿。之后，以一千元大洋酬谢，"外边儿给我们多少钱我们也不要。你看杨以德他老娘做生日，给拿一千块钱现大洋来，现大洋一千块，搁那儿了，退回！"[1]

与此类似，因为邵公庄七月十五有盂兰盆会扎彩船，在上面吹奏乐器进行表演，还放河子灯，一直放到三岔口。队伍路过时，卞家老娘看到了说什么也不让荟韵老会走，荟韵老会便吹了三段，卞家老娘赏了好

1.采访时间：2012年4月24日；采访对象：姚俊岐；采访人：史静、张礼敏。

多点心。她对儿子说："以后再过生日，无论花多大的代价，也要把邵公庄吹会请来。"

三、历史传说

邵公庄萃韵自立吹会"在理儿"者众，尊观音菩萨，同时因为靠河海吃饭，也尊海神妈祖娘娘。在邵公庄，组织的仪式等多与民间传说有关，可以将这些民间传说看成是民众对仪式起源的自发解释。

1. 妈祖娘娘的传说

在古代，天津这片土地大部分还是海滩。这里有很多的河道，都通向大海。现在的城市是建在"退海地"[1] 上的。河道多，泉眼也多。在东门外天后宫的地方，冒出了一个大泉眼，谁也堵不住。后来来了一位老太太，往上一坐，泉水就给堵住了。这就是妈祖显圣。妈祖娘娘坐海眼的故事流传甚广，在天津民间口耳相传，这个故事提供了天津人崇敬妈祖这一外来女神的驱动力和能动性。

妈祖在海里也显过圣。小船在海里遇到风浪，妈祖娘娘就化为老太太，往船上一坐，这船就能风平浪静地开到岸边。弄海船的人，码头上的人，都信仰妈祖娘娘，海船上都在船舱内供奉妈祖神像。

因为妈祖娘娘灵验，民众又在天后宫里塑造了瘟疹娘娘、眼光娘娘等分身娘娘，都有各自的神职。人们到那儿去烧香许愿、还愿，去拴娃娃。

2. 盂兰盆会敬"河神"

邵公庄村有土地庙和公所，村后还有"净神"，主要保佑去开洼地里玩儿的小孩不会遭遇意外危险。相传这是立村的邵老公定立的。

更为正式的则是敬"河神"。所谓"河神"，并非河伯，而是水鬼，即意外落水死亡的人或投水而死之人，死后不得转世，必须找到替身才可重入轮回，而这个倒霉替身就得代替前任继续在水里寻找替身。"哎，这'河神'呢是官称，实际是水鬼儿，水里头有淹死的，淹死的

---

1. 即河流入海口的冲击平原。

人到阎王爷那儿报不了到，他得拿一个替身儿他才能报到呢……我们敬重他是为了嘛呢，别在这个河道里拿替身儿，船嘛风平浪静，别让人掉下去，河边儿别掉下人，掉下去还有救，还能救回来。就是敬重这河神。"也有传说将之具象化，描述为遍体长毛、红目黑面、状如猴子的生物，取名"水猴"。[1]

邵公庄每年七月十五盂兰盆会都要举行仪式，"到这一天全庄的人都是吃公饭。早上捞面还有白菜。下午了，天到五点多钟就开始上船了。船上都扎着彩的，彩棚，上面（有）各种的锣鼓家伙，吹会一个船，法鼓一个船。俩大船后面跟着小船，放河子灯（纸叠的小船，中有蜡烛）"。邵公庄人通过仪式祈祷"每年别掉下小孩去，别让水鬼儿给拉下去。把水鬼儿都赶走了，这河道要干净，所以我们这河道两岸，迷信说法，很少淹死人。那时候因为是雨水太大，现在当然是没有水了，那时候一走四个大漕子（船），并排走，宽着呢！跟海河那么宽，比海河的水大"。最盛时，参加仪式的大小船只可达上千只。

赵正鋈先生对盂兰盆会设摆、放河灯的事也有讲述：

> 河灯的仪式就是在河堤上扎个小棚，在里面敲法鼓，河堤下边扎大棚，在里面设摆；河里有船，有"梆摇儿"（小船），有"对漕子"（两节大船）。放灯在晚上九点钟。该吹的就吹，该敲的就敲。提前好些天，就做"泥葪儿"，竹葪子的那个"葪"，就是小泥碗儿啊，晾干。拿纸叠成灯，用桐油油（漆）了，把泥葪儿放在里面，倒上豆油，插上棉花线的灯捻儿，点着了，放在河里，顺着就漂走了。有桐油，泥葪儿又小，所以不沉底。一次得做上千个，差不多立秋以后就开始了，那纸灯叠完了还得上油。因为村里人百分之八十都信佛，这时候就把这种善心表现出来，所以大部分人家

1.采访时间：2012年4月24日；采访对象：姚俊岐；采访人：史静、张礼敏。

里都叠，小孩就搓泥箭儿。桐油也是大伙儿一块儿准备，大家添钱买，连吃饭，都是凑钱。

在河中间把梆摇儿横过来，下锚，再拿"点字"（一端带尖刺的竹篙；尖刺后又带钩的则叫"挽子"）插到河堤上撑着，船就在河里固定住了，就可着劲儿往河里放灯，放河灯的时间，大约要一个多小时。不能在河边放，在河边的话很快就被水冲上岸了，漂不远。放河灯就我们邵公庄放，解放前每年都放，解放后破除迷信，就不放了。现在都没人会叠了。

放河灯时，没有固定的曲子，一般开始是吹京剧《滑油山》，后面就吹《游六殿》，都是目连僧救母这戏里面的，还有就是《托兆碰碑》，杨七郎的戏。后面就不规则了，《借东风》啊，《女起解》啊，《逍遥经》啊。吹吹打打要一天，一直到晚上，又吹又打又放河灯。这设摆也不是随便设，大家伙儿本来都得出去干活去，这天设摆，不得吃饭吗？别处就有给送东西的，比如说西码头京秧歌老会，一看邵公庄设摆了，就挑两挑西瓜来了。周边的，连庄会，都送东西，有送点心的。早上吃完早点就开始吹，八九点钟就开始了，那一天人们嘛都不干，做小买卖的也停，上菜园上地的也停，都来帮忙。放完河灯，这些鼓乐家伙就收起来了，大棚嘛的转天再收，有人看着。

那一天都吃好的，大鱼大肉独面筋，坐席，就是不喝酒。就在这个吹会的棚后头，有这么一个大门，就是我姥姥家，李家（摆渡口李家），在他们院子里做饭，在他们院子里吃，院子大。每年都在那儿吃，拿的钱也多。这摆渡啊，本村里的人过河，平时不收费，敛节里，三大节收费，就是春节、五月节、八月节收费。有过河的，一喊，他们就来了，抱着香斗，给一毛也不嫌少，给一块也不嫌多，全凭自愿。第三代传人李云鹏，李三爷，这摆渡就是他们家的买卖，摆渡的是李二爷，他们一家子。[1]

邵公庄的水鬼传说与众不同之处，在于水鬼"拿替身"有具体开始的时间节点，即亡故三年之后。"水鬼儿拿替身儿，三年之后他得拿替身儿，那些人（就）都淹死了。"[2] 关于"三年之后"的仪式时间，还有一个例证。1939年发大水，邵公庄是1941年放河子灯超度亡魂，正符合这个时间节点。

3. 防洪抗灾"接大王"

"接大王"是河水泛滥、堤岸面临决口情况下进行的一种巫术自救行为。所接之"大王"，实为水蛇。这条蛇游到哪边的河堤上岸，就意味着此处的河堤不会决口。邵公庄"接大王"的事情发生在1939年8月。当时，华北地区普降暴雨，海河上游和天津市内多处河道水势猛涨，洪水汇成一片。天津御河、海河等沿岸村庄一方面严防堤岸，一方面举行扶乩的仪式。从御河中游上来的七寸小蛇，到了邵公庄一边的堤岸，被接进公所。两名扶乩童子扶着一个锣，锣上有一根针，底下铺着麸子。这锣就动了，写出"别心慌别心慌，浑水不淹邵公庄"的字样，表明"大王"已到。当天夜里，即1939年8月20日，陈塘庄大埝崩决，海河以南地区成为泽国。8月21日洪水进入天津市区，小刘庄、谦德庄和佟楼等地相继被洪水淹没。之后，天津市区80%的地区被洪水所淹，大部分地区被洪水浸泡长达一个半月之久，天津的陆路交通和工商业濒临瘫痪，造成直接经济损失约法币六亿元。天津及其周边六十五万居民成为灾民。1939年10月初，洪水退却，水灾过后，霍乱、伤寒和痢疾等病肆虐天津。肖英华老人亲身经历了这场洪水，她是这么说的：

---

1. 采访时间：2012年11月13日；采访对象：赵正鋆、赵正琦；采访人：张彰、张礼敏。
2. 采访时间：2012年4月24日；采访对象：姚俊岐；采访人：史静、张礼敏。

　　1939年农历七月初，我们的家长预购了天华景戏院的票，要在七夕（公历8月21日）那天带我们去看京剧《天河配》。不料，在七夕前3天，无情的大水就光临了，搅了一场好戏。

　　那天下午三四点钟，忽听有人喊："土山花园那边来水啦！"我们姐弟三人好奇地跑到伦敦路（今成都道）上，随着人们往西跑（土山花园在伦敦路西边）。刚跑到一个路口，就见迎面马路上横着一条线状的水头，约有两三寸高，汩汩地快速迎面扑来。我们就站在伦敦路和六十六号路（今桂林路）的十字路口等着。水从脚面上流过，那水呈淡黄色，有些温暖的感觉。我们当时感觉很新奇。

　　渐渐地水涨了，温度低了，不过半个小时水已经没过脚腕，而且凉得难受。我和姐姐就到几步之遥的三爷爷家去了（他家住楼房，而我家是平房）；我的大弟弟蹚着水向西面走去。我们走到胡同口，见人们已经用土堆成一道小墙，迈过去进到三爷爷的家门，看见爸妈和小弟弟们已经来了。五点钟左右，大弟弟卷着裤腿回来了，说水已涨到他膝盖以上了，凉极了。没电了，只好用蜡烛。

　　翌日清晨，水已经没了三爷爷家一楼的两级楼梯，而且，水也由淡黄变成漆黑恶臭，据说是下水道的污水泛上来了。水上涨的速度减缓了，三四天后基本上停了。可是市区低洼处的水，或者没了平房的房顶，或者上了二楼。几天后蚊子成群结队袭来，人们不堪其苦。很快街巷里就有小木船来卖杂货，诸如蚊香、火柴、蜡烛、咸菜、酱豆腐、葱头等临时应急物品。[1]

1. 肖英华：《蹚水——1939年天津大水亲历》，人民网，http://www.022net.com/2010/6-29/48483439278107.html，访问时间：2013年12月13日14:58。

4.狐仙成就"何神仙"

邵公庄的"何二爷"在当地非常有名,他是老何爷的父亲,以"看土船"为生。"土船"是向天津城里运送黄土的船,主要用于建房。邵公庄有十多艘土船,都在张家树林外停靠,不进河道,因为河道是码头,进来没地儿停泊。某天大雨突降,风急雨暴,在船舱里睡觉的何二爷起身查看,以防土船漏雨进水。忽然间从远处跑来一位老人,年有七旬开外,白面、白须、浓眉大眼,长得非常好看。老人一进船舱就给何二爷跪下了,请求相救。何二爷问:"我怎么救你?"老人说:"你把我架到船舱里,拿你的被窝给我盖上就行。"何二爷依言行事。忽然间闪雷满天,一个大霹雳就劈到船舱去了。何二爷在旁边坐着,(霹雳)一劈到何二爷的被子就走了,因为人盖的被子,人没有犯罪,雷不能劈。过了一会儿雨过天晴,满天星星。何二爷说:"起来吧,走吧!"老人说:"我跟你说,我不是人,我是狐狸,天上的雷劈我来了,我过雷关你救了我,我的雷关过去了,从今天开始你就是我的朋友。这样吧,我算是你哥哥,你算是我兄弟,我吐口黏痰你把它吃了。"老头"啪啦"吐口黏痰,何二爷一看,这怎么吃?但听说不是人,就知道是神仙,如果吃了要有神力呢?于是何二爷就把它吃了。老人临走的时候,两人握握手,这老人就踪影全无了。从那时开始,有人得病,何二爷吹口气这病就好了,身上哪里疼,何二爷摸摸就好了。各种邪魔歪道的病,何二爷到那儿就能治好,于是得了外号"何神仙"。

第二章

会规与会况

一、入会

邵公庄萃韵自立吹会在吸收会员时，原则上有地域性限制，一般只限本庄人入会，有本庄人介绍的别处村庄的人入会的也有，但此种情况较少。由于"玩会"事关全庄，本着团结、"挣面儿"的精神，男性村民大都入会。

邵公庄萃韵自立吹会等民间花会不接收女性会员参与表演，但不等于女性会员无法参与会里的活动。相反，女性会员的参与对花会意义重大。首先，会的活动要准备很多物件儿，需要人手。比如七月十五盂兰盆节放的河子灯，就需要全村老幼、妇女们共同努力几个月才能备齐。此外，缝缝补补，洗洗涮涮，也都需要女性；其次，出会或设摆时，如盂兰盆会前，是要全庄人一起吃饭的，饭固定是捞面，有时有白菜，需要全庄的女性一起下厨，从早上一直忙到下午太阳落山仪式开始；再次，盂兰盆节的放河子灯仪式，是为了敬水神，敬水神是为了祈求靠河谋生的人们及妇女儿童不要落水而亡。就临河的邵公庄来说，村民需要喝御河的水，负责打水的多是家中的女性，而小孩子们下河里游泳，发生溺水也是可能的，所以他们需要特别保护。

这种不成文的制度安排，跟传统的内外、公私观念有关。费孝通先生提出"差序格局"的概念，认为"为自己可以牺牲家，为家可以牺牲族……这是一个事实上的公式。在这种公式里，你如果说他私么？他是不能承认的，因为当他牺牲族时，他可以为了家，家在他看来是为公的。当他牺牲国家为他小团体谋利益，争权力时，他也是为了公，为了小团体的公。在差序格局里，公与私是相对而言的，站在任何一圈里，向内看也可以说是公的"[1]。 也就是说，村民的公私观念（在村落内表现为内外观念）是具有伸缩性的。在中国的传统文化中，男主外、女主内。在大家族更严格的家庭规则中，女性是绝对处于私领域中的，大门不出，二门不迈，不见外客，不走正门。但是为了全庄的利益，女性还是要参与进来，概莫能外。但是她们所做的，依然是"家务"，所从事的是家庭生活的延伸。她们从准备一家人的饭到准备一庄人的饭，这种活动虽然暂时突破了公私界限，但其实质是私领域的涵化，并没有使妇女们真的进入公领域来，这也体现了中国传统公私观念的"规定性"。

这种规定性就是中国人对"家"这一概念的捍卫。而家庭是构成中国传统社会的基本要素这一点也是众所周知的。金耀基先生认为在中国传统社会中，由于家的过度发达，压制了个人的独立性，使中国没有能够产生类如西方的"个人主义"。[2] 贺雪峰则提出与认同有关的文化边界而不是自然边界构成人我、群己界限的边界。在西方基督教的文化中，团体和个人是对立的两端，而在中国传统文化中，家庭是最基本的权利与行动单位，是构成群己界限的边界。中国传统社会里的家庭与西方的个人一样，构成了一个基本的"私"的单位。[3] 邵公庄的情况可以与贺雪峰先生的观点相互印证。

因为会众大多是邵公庄人，邵公庄男人也大多是会众，并没有年龄

---

1. 费孝通：《乡土中国》，上海人民出版社，2006年版，第24-25页。
2. 金耀基：《从传统到现代》，中国人民大学出版社，1999年版，第25页。
3. 贺雪峰：《村治的逻辑》，中国社会科学出版社，2009年版，第54页。

限制，老少中青都有。会吹会敲的，就负责表演，会记账的负责记账，力气大的扛执事，各有分工，保证谁也不落下。白天大家各忙各的，到了晚上，聚到会所来，玩儿会。年轻单身的，散了会后就留在会所里，保护会所里的东西。这是连庄会留下的老习惯。

邵公庄村大部分都是汉族，历来少数民族很少，但是这种情况的形成并非由于民族和宗教信仰限制。对少数民族缺乏概念，村民生活中接触最多的少数民族就是回族。从地方志中可以看出人口构成的情况：据1988年政府文献记载，邵公庄街道面积3.12平方公里，共有道路31条，里巷44条，居民2.91万户，78453人，其中回族4229人，满族107人，维吾尔族1人，朝鲜族10人，壮族1人，蒙族19人，黎族1人，土家族2人，达斡尔族1人，其余为汉族。[1]

邵公庄街道是以邵公庄为主体组建的。邵公庄村本身并没有这么多户人家。据姚俊岐讲，解放前全庄一共三百多户人家。"三百多户。解放后就多了。拆邵公庄的时候，就更多了。邵公庄除去外地人，老住户都在会。"据此可以想见，庄户们大多没有见过除回族外的少数民族。"一般，回民扎回民窝子，汉民扎汉民窝子。白天上班的上班，种地的种地，做小买卖的做小买卖，晚上才玩会。做小买卖的主要是卖小鱼儿的、卖鲜货的、卖蒲包的、打八叉的，就是撂下这个捡起那个。"[2]

2. 入会仪式

据几位传承人讲，邵公庄萃韵自立吹会的入会并没有统一仪式，但是入在理教有。在理教的规矩仪式被移植到了老会的程序性运作中。据姚俊岐回忆，"（入）在理儿，（当）童子的时候，给菩萨（观世音菩萨）磕头，两边都有陪坐的老者，中间是当家的，必须会理事。观世音

---

1. 红桥区地名办公室：《天津市红桥区地名录》，1988年版，第29页。
2. 采访时间：2012年4月24日；采访对象：姚俊岐；采访人：史静、张礼敏。

菩萨授五字箴言。一闭眼，佛光就起来了。"[1] 有两点需要说明，在入会时只准烧檀香，不准烧线香，另外磕头的动作也与平时不同，教内称为"下参"，但究竟有什么区别，老人就说不清楚了。新中国成立以前，在理教的入教仪式在很大程度上兼具了萃韵老会的入会仪式功能。这种情况之所以会出现，可能跟初期老会和在理教都没有形成完善的组织规程有关。

1. 采访时间：2012年4月24日；采访对象：姚俊岐；采访人：史静、张礼敏。

二、会规

加入邵公庄萃韵自立吹会，有"三不要"的规矩：不孝子不要，抽白面儿（鸦片）者不要，白钱（小偷）不要。这是基本要求，但会规并不仅限于此。除此之外，还有乱搞男女关系的不要，打骂父母的不要。这两种人不但不能入会，一旦发现，还要扭送官府问罪。还有，严禁会员打闹，因为"萃韵音乐吹会是一个严肃的会，不许会员胡乱打闹"。

在理教的教规，同时也渗透进萃韵老会的会规之中。在理教有八大教规：不吸烟；不饮酒；不烧草香，要烧只能烧檀香；不焚纸帛；不拜偶像，只尊观音和羊老先师（羊宰）；不吹打念唱；不书写符咒；不养鸡猫犬。我们从中可以看出，在理教的教规与萃韵老会的会规体系融合在一起。在理教教义中本就有不能吸烟喝酒的教规，且是各地在理教传教过程中唯一没有被改变的教义。正因为这样，1913年，李毓如与苑文鉴联合北京理门公所徒众，组织"中华全国理善劝戒烟酒总会"。当时，河北青县的在理教公所门前有一幅对联，"烟因火成，若要不撇终是苦；酒由水制，入不回头难成人"。这都说明了在理教的公益性质。也正因为在理教的公益性，在理教于清光绪九年（1883）被清廷认可，并迅速发展成为盛行全国的大教派，甚至连维新志士谭嗣同也于戊戌变法前在天津加入在理教，以探其如此盛行之奥秘。

但是在具体的执行过程中，邵公庄人对各种规矩是有所损益的，比如不焚纸帛，邵公庄人变成了不焚"白烧子"，因为"黄钱为神，白钱为鬼"，烧黄钱是为了给神花，烧白钱则是给鬼花。而"不吹打念唱"这条教规在萃韵吹会里没法遵守。洼引的产生可能与这"不能念唱"的规定有关。邵公庄人是从唢呐的嘴子那里获得灵感，用特定的芦苇杆做了大号的"嘴子"，名为"洼引"，用来模仿人声演唱和说话，能吹出

"字儿魅儿"来。

除此之外，邵公庄萃韵自立吹会最重"自立"二字，可以说"自立"代表了邵公庄人的个性，内部团结一致，急公好义，对外严守秩序，不吃不拿。在出会演出时，遇到截会的，就演出一段，但店家商铺准备的点心茶水是一概不取用的，以显示演出纯粹出于自愿，与店家无关。一般外面的红白喜事、寿诞来请，萃韵吹会也是不应的，显示出了很强的原则性。这让萃韵吹会带上了一抹宗教色彩。

三、日常运行

邵公庄萃韵自立吹会一般有一个会头、三个副会头，各有分工。所谓"筹备会"就是由这四个人与会里的一些委员们共同组成的。遇到什么事儿，大家一起去公所里商量。不仅限于会务，有时还有村务。关于会头的选任，赵正鋆先生的讲述颇为生动：

> 会头要留胡子，像咱们这些光脸儿的，当不了会头。得有胡子，穿大衣裳。会头是大伙儿选的，你们家得拿得

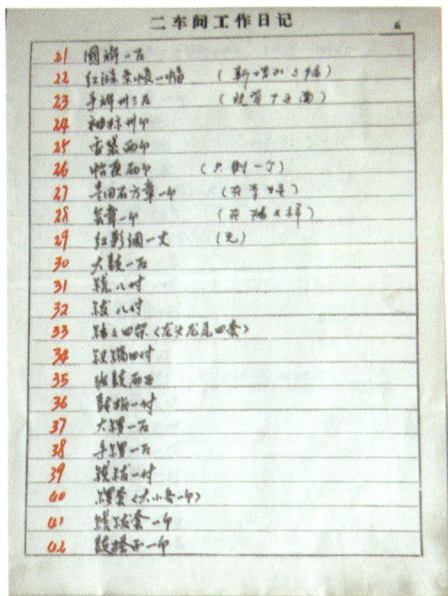

老会20世纪80年代第三次复会时记录的器物清单

出钱来，还得有工夫儿，你要是参加劳动了，你就是有闲钱也没有闲工夫。还得有群众威望，还得有点文化。过去也是没文化不行，因为你这一写大黄报，多会儿要出会（你得懂）。[1]

邵公庄老会一概不参加喜丧吹打，也极少参加寿诞。只有自己会里德高望重的老人去世时，才会出会，以示尊重。在新中国成立前，入会并不交会费，收费仅限于筹备会筹备活动时，由村民集资，及会头带人去找商家"惹惹"。每月交一次会费，要到新中国成立之后。

萃韵老会逢重要节日都有活动。比如清明节去"扬骨"、农历三月二十三天后娘娘生辰出皇会、农历七月十五盂兰盆会设摆放河子灯、腊

---

1. 采访时间：2012年4月24日；采访对象：姚俊岐；采访人：史静、张礼敏。

八节舍粥。可见，这些活动都有在理教的痕迹，多以公益为宗旨。如逢腊八节，就由大伙拿钱，公所牵头，买米，买小枣儿，熬成米粥给穷家儿往外盛。这是尹松岩担任在理教掌教时提倡发起的活动。

清末至民国，每逢过年时，除了在理公所外，天津八大家合资建立的八善堂也会周济穷人。"打腊月二十三过小年儿，顶到大年三十儿，写赈的下来了。写赈啊，就是看看哪家没有衣裳，哪家没有过年的钱，哪个没有棉被来床棉被，哪个没有棉袄给个棉袄。写赈的往上面一报，行，发！马上发，一袋儿洋面，五十斤米，大白菜一百斤，先让你过年。李善人，人家舍粥，四个粥棚熬粥。要饭的、逃难的，来到之后，粥随便儿喝。就在下瓦房，李善人花园。"[1] 但是会的日常运行需要资金，执事、乐器的购买、制作、维修也需要资金，出会当然更需要资金。对于邵公庄自立吹会来说，所需资金主要来源于村民，尤其是富户的资助。本着穷吃富的心理，历届会头都会带人上门去收取赞助费。比如做地毯的"毯子刘儿"，做鸡毛掸子的"鸡毛刘儿"，熬桐油的刘岱，做香的"同义香店"、"庆义香店"，还有"于记胶厂"、"宋记胶厂"、"华北卤厂"、"中德胰子公司"、"三全永"菜场子，这些（店铺）都在邵公庄村后大道那里[2]，"到时候找他们敛去"。一般村民都会量力捐资，"三爷，这是我的啊！"出会了，庄子里卖茶叶的卖点心的，往外拿几个，脚行出一部分钱买茶叶，种地的、摇船的、扛大个儿的、打八叉的，有多大力使多大力。就算出得再少，在会里也不会有人歧视你，因为普遍认为你尽力出了五毛，比富户们毫不费力的一百块还有意义。

邵公庄本身作为一定范围内代行乡级行政职能的部门，就具有地区

---

1. 采访时间：2012年11月13日；采访对象：赵正鋆、赵正琦；采访人：张彰、张礼敏。
2. 原邵公庄后大道是分隔住家与菜园花圃的分界线，所以店家多集中于此。

权威，而会头又无一不是在地方
有名望威信之人，在地方的公共
活动中发挥能动性。这种能动性
在当地人与外来经商者之间的互
动中体现得尤为明显。如果外地
来邵公庄经商者被会头等要求为
吹会捐助，他们通常很难拒绝，
虽然出会活动本质上和他们并没
有什么关系。但如果拒绝了，那
么很可能会有一系列诡异事件发
生在他们的店里或者店门口，比
如门口出现尸体或烟鬼，因而招
来更具权威性的暴力机关介入，
如衙门和警署。而在这类事件的

老会20世纪80年代第三次复会时会员捐款的记录

解决中，因为有会头的个人权威作为制衡因素，是不会有当地人去帮助
这个商人的。地方和个人权威重合在一起，在适当的时候可以利用这种
权威变相将问题推给更具权威的国家暴力机关，这种非正式化的权力运
作是在民间社团中长期存在的一种行为和思维方式。所谓"强龙不压地
头蛇"，说的就是这个道理。

　　但是只要捐钱，就会被纳入地方性的象征体系，获得地方文化的认
可。凡是捐钱的人的名字，在其本人去世时会被写到万民伞[1] 上，供后世
铭记。"万民伞，（捐款人姓名）都写在万民伞上。委员啊，凡是给我钱
的人都是委员，有助钱的有助力的。到时候你派人家助力。一搭棚子人家

1.赵正鼗先生特别指出："是万民伞，'人民'的'民'，不是'名字'的'名'。叫作'万民伞'，上面实
际写着的是赞助出会的人的名字。"

给咱忙活两天，一分钱不要，搭大棚，那是助力的，给人家写上，万民伞中给人家写上名字，挂那万民伞上，有人家一号。人家在邵公庄吹会上付出过血汗，都得给人家写上。"[1] 万民伞作为一种集体记忆的标本和符号，留住的是乡村记忆。邵公庄村"全村都玩会，我们有万民伞，一代一代，好几千的人名，都在万民伞上。一个打伞，围着圈，姓名，嘛委员，给会里贡献过嘛。人家给会里贡献过，人家死了，得给人家挂号。多代传，这是我老祖，多晚儿（什么时候），有人老祖的名字"[2]。

老会20世纪90年代制作的万民伞，自做好之后一直未使用

---

1. 采访时间：2012年11月13日；采访对象：赵正銎、赵正琦；采访人：张彰、张礼敏。
2. 同上。

四、出会：设摆与行会

出会形式有设摆和行会两种。

1. 七月十五设摆

邵公庄萃韵吹会成立于七月十五，于是七月十五成为该会固定的出会日子。这也与本地信仰有紧密联系。农历七月十五为中元节，民间旧称鬼节，又称"七月半节"。佛教称盂兰节、盂兰盆会或盂兰会，本是汉地佛教地区的一种宗教活动，每年农历七月十五日举行供奉神佛仪式及僧人超度亡灵的法会，新中国建立后不再出会。

七月十五鬼节出会，缘于邵公庄近水。新中国建立前，很多码头都有帮派和帮会，大多重视七月十五。该日祭祀的目的，是敬水神，超度死于水中的亡灵，祈祷靠水讨生活的人们安全。

农历七月十五出会是以设摆的形式，而且完全出于自愿。行会演出一个月前，会员们就开始排练、扎彩船；另一方面，村里的妇女和孩子开始制作河灯。用纸折一个小船，再在小船外侧刷上桐油。用泥捏成小碗，晾干了，搁在煤球炉子里头烧，烧到发红为止，防止渗漏。把晾好的小碗放在纸船上，讲究一些的，会给纸船外侧贴上剪纸的莲花纹样。放河灯时，在小碗里搁上豆油及灯芯，或者放入小洋蜡（小蜡烛），点燃后放到水面上顺水漂流。据说，河灯燃尽或被风浪打翻，都寓意有一个亡灵得到超渡，去了极乐世界，从而使生者得到慰藉。

邵公庄七月十五设摆的地点，一贯位于村南临河的李家渡口。李家以摆渡为生，本村村民过河，平时不收费，只在过节时收费。摆渡的是李二爷，李三爷叫李云鹏，是第三代会头。设摆的场地位于李家大院外的御河河堤上，后来有了法鼓，因为法鼓比吹会更具震撼力，更热闹，就把法鼓置于河堤上，而人数更多、器具更多的吹会部分则在更为宽敞的李家大院外、御河河堤下设摆。这种前法鼓、后吹会的样式，也成为萃韵吹会的行会序列。

设摆这天，全村人都参与，吃一天公饭，早上一般是吃捞面加四碟菜，或者熬白菜。这天上午八九点钟，吹会就开始演奏，然后念经超度亡魂，请神上香仪式与佛教仪式类似。到下午五点多钟，会众就开始登上扎好彩棚的大船，吹会乘一只船，法鼓乘一只船。两只大船后面跟着若干小船，负责放河子灯。行船时，"屡走屡放，这一河都是灯，往这边流啊，这一河漂的都是灯，这个还没有点完这个又起来了。放河子灯，有一个流放河，放到三岔路口，就是到海河口那儿，放到海河口那儿再回来"[1]。

这天，天后宫内也会放河灯。按津门旧俗，这天白天人们要去下洼给祖先烧香烧纸，祭祀亡灵，到下洼有河东、西门外、南大道（西南角）、大丰路和北站外这五条线路。而居家的老人们便在自家门口或门脸房前摆设桌椅、茶水，免费供下洼归来的人们到此饮水歇息，以表愿心。当晚，富裕人家到河边放河灯，或者来到海河边看天后宫的河灯。这天晚上，在天后宫的院子里，居中放一张桌子，两旁再放四张或六张桌子，由神职人员请神上香，念经超度亡魂。之后，到海河边上继续念经，同时放河灯。

天后宫的河灯均为信徒或居士制作。一为纸灯，一为打瓜灯，即小西瓜灯。制作纸灯，多叠成船形。纸型在泥碗里压固，讲究的要烫蜡，蘸上牛油或羊油蜡，以免河水将纸灯洇湿而早沉。有的还在纸灯下固定一块小木板，以利纸灯飘行。有一种纸质荷形灯，底部蘸腊，以蒲纸和油为蕊，呈圆柱形，点燃后放行。制作打瓜灯，是将瓜切成两半，或只切掉上边一小部分，再将瓜瓤挖空，里面安放蜡烛。瓜皮刻以花纹或吉

1.采访时间：2012年11月13日；采访对象：赵正銎、赵正琦；采访人：张彰、张礼敏。

祥语，如"天下太平"、"一帆风顺"等。有的年头河灯放得多，满河的西瓜灯，从天后宫能一直飘到河东挂甲寺。

其他出会的日子不固定，多由其他会设摆邀请或者有大型活动邀请。邵公庄出过一次特别的会，那就是农历四月初八的"城隍庙庙会"，亦称鬼会，为的就是1939年闹大水。没有胆量的人是看不了这种会的。演员装扮成妖魔鬼怪、牛头马面、吊死鬼、饿死鬼、十殿阎君，纷纷亮相于街肆。阴风惨惨，群魔乱舞，鬼哭狼嚎。掌灯以后，招抚孤魂野鬼更是一番恐怖景象，让看会的人背上冒冷汗，回家做恶梦。后来因吓死过观众，遭到社会各界人士的一致谴责。

1	2
3	4

1. 出会时使用的茶壶　2. 鼓箱子四角插的灯，过去多为角质灯，现在则为纱质

3. 鼓箱子，1983年第三次复会时制作　4. 蠢旗上装饰用的龙头插件，左右对称

新中国成立后的设摆，是鼓箱子在中间，鼓箱子后面是一杆纛旗。以前邵公庄吹会没有纛旗，用的是"图灯"，像塔那样儿，顶上一个，中间两个，最下面四个，插上蜡烛。后来图灯被毁，就改成了纛旗。纛旗两边是硬对、软对；再往两边是茶炊子，一边一对；再竖过来，就是点心挑子、茶筲各一对，一边是四块灯牌；再横过去，是一边两个高照；鼓箱子前头是万民伞。设摆的时候，两个长条桌供会员坐吹。门旗在大棚的外边，也就是门口，再两边就是手旗了，随便摆，但是都在棚的前面。手旗还有一个作用，就是在白天行会的时候，手旗在两边，维护队伍往前走，维持秩序。晚上设摆时候要用角质灯，比如鼓箱子的四个角上，茶炊子上用四盏坛儿灯，一对儿茶炊子就用八个坛儿灯，茶筲上有手旗，插在梁子上，一头一个。设摆的时候就是坐着吹，笙应该是十二传，笛子应该是八管，标准是这样，但一般很少能配齐，几个人也能吹。

2. 一般行会与皇会行会

萃韵自立老会行会时的序列为：仪仗执事、法鼓、吹会，最后面是纛旗。

执事包括前面开道的纛旗一面，门旗若干（偶数），高照两对、灯牌四对、软对一对、硬对一对、万民伞一柄，茶炊子两对、点心箱子一对、茶筲一对。纛旗开道，起到指示队伍行进和停步的作用。队伍行进时两个人并排走，依次列队。遇到有人拦下了会，门旗队伍就一字排开，像人墙一样维持现场秩序。

后边跟着的是万民伞，居中。万民伞再往后是法鼓，法鼓的器物包括八副钹、八副铙、四个镲铬、四个铛铛，一个大鼓。从后往前走的话，右边是钹，左边是铙。再后边就是鼓箱子，居中，旁边配着铛铛、镲铬。法鼓后边就是吹会了，会员就抱着笙、笛，两人一排。大鼓由八个人抬着，鼓师就跟着在队伍中间行走，鼓师一共四人，轮换表演。有的时候，吹奏的人还要兼任法鼓队的表演者，行会时就抱着铙抱着钹敲，坐吹的时候再穿上大褂坐着吹，一人两用。吹会里有一团（会里老人专用的乐器量词）京胡、一团二胡、六到八管笛、六传笙（应为十二传，但从未配齐），还有洼引。按照这个顺序，两两并排。需要说明的是，吹洼引颇费气力，一个人不能坚持从头到尾一直吹，吹一段十几分钟的折子后就需要换人，所以总有几个吹洼引的人走在一起，以备轮换。

白天行会的时候，队伍后面还有好几个花筐，挑着角质灯，晚上设摆的时候要点上灯，扎上大棚，灯在两边，高照也都点着。花筐最少得有四个，这灯得有32个到40个。有时候晚上行会，这些灯也得点上，走在队伍两边。

吹会后面就是两丈高的明黄色大纛旗。"这趟会一走，打头里走，一里地，后头还有人了。" 过去出会，多靠人力，手提肩挑是两种常用手段，所以队伍后面跟着"挑挑儿"的人，有抬桌子的，搬凳子的，以备休息之需。

三月二十三日天后娘娘寿辰，"天津卫，天津关，衙署县卫，九河下梢凌云广，河路的买卖全。海河的风光真叫好，闷葫芦一响是正月间，二月里弹，三月放风筝赶上断了线，一直到了娘娘宫前，娘娘宫三月三把蟠桃会办。一心想把皇会看，姜家井的狮子李义坟的塔，独流中幡要得欢，西码头的高跷是老三点，邵公庄的吹会吹得欢，先吹《钓金龟》，后吹《滑油山》，法鼓敲点很齐全，金音法鼓大觉庵，南头窑的法鼓是同心点，芥园道的法鼓把鲜花开，辛庄法鼓鼓点打得全，先打《老河西》，后打常行点，上下武全套，越耍越好看。小树林的火会往前蹿，老龙灯真叫美观，龙头一摆龙尾跟着转，上上下下越耍越好看"[1]。这段流传至今的老天津歌谣点明了邵公庄萃韵自立吹会在1936年出会的七十二道会中的位置。

农历三月十八，这一天出会时，鸣锣开道，队伍行走起来。民国时期的望云居士、津沽闲人曾撰《天津皇会考纪》一书，详细记录了1936年天津皇会的前期筹备与会期盛况。在该书的"天津皇会此次重行举办之经过"一节中记载，千福寺皇会接驾会因举行皇会，在讨论后"议决：约请各迎驾会，计请邵公庄吹会、西池八仙、黄绳会……"；在"本年皇会各会参加秩序"一节中，亦明确记载"萃韵吹会"参加十八日接驾活动。但是，邵公庄此次出皇会，却颇费周折，因为当时的经济状况很不景气，出皇会的压力非常大。赵正鋆先生根据老会员的讲述，对此事回忆如下：

民国年间，我们参加过皇会。报纸上都登了我们这吹会。没有邵公庄吹会，这皇会就出不了。那一年是萧振瀛做市长，那阵儿经济萧条，为了繁荣社会啊，一有会呢，四郊八县的就都来了，做买卖的（也来了），不就显得城市繁荣了嘛。正德店黄家，黄五爷，是黄家的本家，给黄家当总管。黄五爷就到邵公庄来。当时邵公庄是刘六爷（刘恩藻）当会头。好嘛！黄五爷跪门！没有这个吹会，皇会就出不了会！为嘛跪门呢？就是让邵公庄出这个会。邵公庄不是不想出会，就是太穷了，出不起啊！出会这些人，得吃啊，不是一天啊，皇会得三天啊，得迎驾、送驾，好些事儿。怎么办呢？又给刘六爷跪门。刘六爷刘恩藻是我们邵公庄的绅董，大清国的秀才。黄家也挺有声望的，来跪门呢。刘六爷就出来了，请进去，说这会我们一定出。这回吧，就挨家挨户敛钱了，没有自发送的了。有买卖家呢，富裕点的呢，就多给点。那么着，出了那次皇会，费

---

1. 采访时间：2012年4月24日；采访对象：姚俊岐；采访人：史静、张礼敏。

了劲了。开销很大，出这个会得一百多人呢！你算，那是解放前的时候，法鼓，五副铙、五副钹，铛铛、镲铬，敲鼓的抬鼓的，都得用人。这抬鼓的最苦了，我们邵公庄有句俗谚："孔老五，好命苦，抬了一天大鼓，倒拿二百五。"拿二百五十个铜子儿啊，这三天你得吃啊。孔家还不穷，孔老五他不会吹也不会打，不会也得参加，邵公庄所有的人都得捧这个会，你嘛儿也不会怎么办呢，你抬鼓吧，就让他去抬鼓，最后自己还得倒拿二百五十个铜子儿吃饭。[1]

3. 截会

出会时，各村各庄都有"串会儿的"，就是在各会之间进行联系。邵公庄和西窑洼、西码头、同心法鼓等会关系较好，大家你拦我的会，我拦你的会，图个热闹。除了会与会之间相互截会外，很多商家也截会。《天津皇会考纪》一书记载：

> 一般富户商家为了看皇会，都在自家门前搭起看台（席棚，最易引火），接亲请友，咸来看会，殷勤款待，自不待言。迨过会之时，若平白走过，并不表演，看着岂不是没有趣味？所以就有截会的事发生。当地住户预备下物品（茶食点心）每包十斤五斤。当会走过来时，由仆人将名帖送到会头面前，道一声"辛苦"，换了帖以后，请求表演，算是将会截住了。那会头便把手中的旗帜一摇动，跟着小锣铛铛一响，全会就止住了，表演一番。……演过一个段落，会首的小锣再铛铛两响，全会继续前进……

路上遇到有别的会用旗子拦住了道，知道是被别人拦了会。锣鼓一立，会里的法鼓就起鼓。法鼓敲着的时候先表演一番茶炊子功夫，门旗一字排开（多时有八十面），拦出一块空地来。

据姚俊岐老人讲，"过去出会，被拦下来，要先表演一番茶炊子的

---

1. 采访时间：2012年11月13日；采访对象：赵正鋆、赵正琦；采访人：张彰、张礼敏。

功夫，完事儿就开始敲家伙"[1]。挑子、茶炊子能玩出不少花样，身体高低起伏，步伐配合锣鼓点，秧歌似的，而所挑茶炊子边上茶壶里的水一滴不洒。趁这个当口，后面扛大桌子和凳子的赶忙把桌椅摆放整齐。桌子是大桌子，八个人才能把它整个扛起来。"会头'当当'敲两声锣，特别齐集，算是落（lào）会了。这儿一落会，法鼓就赶紧，啪，一蒙鼓，嚓嚓，嚓嚓！嚓嚓咣咣嚓！乐手们抱着各自家伙事儿，纷纷落座。一边儿坐三个吹笙的，两个吹笛的，吹洼引的落在主座，两边一边是檀板，一边是大锣。洼引的对面，离听众最近的这一边，是弦师，二胡和京胡。为什么这么安排？是有讲究的。洼引和弦子的韵味类似，坐在一起，洼引会被淹没在丝弦声中，所以洼引坐得远一些，要跟锣鼓点和笙管笛箫坐在一起。"[2]

弦师款动丝弦，吹会的表演就算是开始了。邵公庄的吹会，最早学的都是河北梆子，后来京剧兴盛，邵公庄人专门请了京城的潘四爷来教了几出折子戏，多是老旦的戏，因为老旦的戏多沉郁苍凉，铿锵悦耳，洼引表演起来声韵兼备。洼引本来就是从唢呐的嘴子引申来的，风格可想而知。长于《滑油山》的李多奎先生总结老旦戏的唱腔"亮、脆、宽、窄、润、柔、甜、沙"应兼而有之，大致可以想见老旦戏的唱腔韵味。

"头传笙先起，把调儿给托住了，二传笙再起，然后是高调的笛子，这三个乐手必须是功夫深、耳朵灵的，懂戏懂得多的，板眼跟得上的，能把嘴子捧起来的，不然洼引根本找不到调儿，也找不到洼引的韵味。"[3]过门儿之后，洼引的表演就要开始了。或是吹《女起解》，这是青衣戏，但是悲鸣苍凉之气满溢，或是吹《滑油山》，是目连救母故事中的一折，也有时吹《华容道》《借东风》。"洼引的技巧就是吐、

---

1. 采访时间：2012年4月24日；采访对象：姚俊岐；采访人：史静、张礼敏。

2. 同上。

3. 采访时间：2012年11月13日；采访对象：赵正鋆、赵正琦；采访人：张彰、张礼敏。

抿、吹。抿，就是拿嘴唇抿出那字儿来，细调儿不就出来了嘛！气往里一吐，一巩，这憨调儿就出来了。这个字儿出来，就得拿舌头舔，舔出来的字儿。"[1]

洼引代替唱，以此去模仿人声，近了听未必觉得出来，离远了听，越听越有味道。这边吹"想起了当年事好不心烦。自幼儿吃长斋一心向善，十八岁进夫门配结良缘。遭不幸老员外黄泉命染，生一子无踪影绝了香烟。因此上心愤恨天地埋怨，在中年饮酒开荤、打僧骂道、改变心田"。吹罢换一个人，再吹"那曹孟德胜者骄自锁停当，数九天少东风急坏了周郎。我料定了甲子日东风必降，南屏山设坛台足踏魁罡。从此后三分鼎宏图展望，诸葛亮上坛台观瞻四方。望江北锁战船横排江上，谈笑间东风起，百万雄师，烟火飞腾，红透长江！"这个人才吹罢，另一个人已经准备好了，弦师们再换二黄导板，有时来一段《华容道》："虽然是你待我恩德义好，我也曾还过你的功劳。斩颜良诛文丑立功报效，将印信挂中梁封金辞曹。我也曾派张辽文凭送到，我也曾赠过了美酒红袍。不提起送文凭还则罢了，提起了送文凭怒满眉梢。在黄河斩秦琪文凭来到，蒙丞相空人情某倒心焦。想当年你许我永远答报，难道说今日里一次不饶。非是俺忘却了永远相报，都只为挟天子罪恶难逃。今日来在华容道，你来来来！试一试某的青龙刀！"大段的流水一气呵成，众人叫好。

整段演出三四十分钟，演罢，乐手们各自抱着家伙事儿重新站好队伍，大个儿钹铙放在筐里，后边来人抬着，八个人重又扛起大桌子，凳子也收拾停当了。回头鸣锣开道，法鼓声起，邵公庄萃韵自立吹会继续行进。至于截会的商家所奉上的点心茶食，以"自立"为会名的邵公庄萃韵老会，是绝不取用的。

1.采访时间：2012年11月13日；采访对象：赵正銮、赵正琦；采访人：张彰、张礼敏。

五、技艺传习

萃韵老会的技艺传承，没有一定之规，大体可以视为自然传承和家族传承的结合。

出了邵公庄，不是开洼地就是御河，小孩儿在这些地方玩都有危险。大人们不放心，就多让孩子们在公所周围玩，让会里人看着。通常孩子的父亲就是会里人，去公所时就带着孩子。小孩虽然不能入会所，但在公所附近也能耳濡目染，邵公庄的故事听得满耳，玩儿会的情形也看得满眼，有兴趣的自然就跟着学。新手刚练时，只让拿着破铜片敲，差不多敲在点儿上了，才给钹铙。学其他乐器的，在公所外听公所里的长辈们摆弄，想学了，就从长辈那里领谱子，记谱。那时都是工尺谱，"上、乙、五、六、凡、工、尺"，解放后改用"哆来咪发索拉西哆"。自己看着谱子试着吹，谱子熟了，在乐器上贴上"上、乙、五、六、凡、工、尺"[1]，摸索一番，自然也就会了。再往深里去，全靠个人悟性。这是中国音乐传承的普遍特

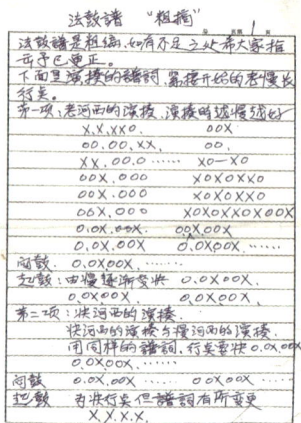

1983年誊抄的法鼓鼓谱（一）

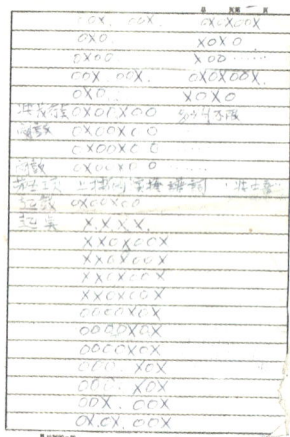

1983年誊抄的法鼓鼓谱（二）

1.正常排列应为"上，尺，工，凡，六，五，乙"，对应do，re，mi，fa，sol，la，si。当"乙"是中央si，那么"一"是第八度的si，即低八度"乙"。

点，正所谓"师傅领进门，修行在个人"。

吹会一般都是在晚上练习。邵公庄1936年就有了电灯，而且公共场所的灯不要钱，所以，天一黑就开练。白天练法鼓，晚上练吹奏。谁吹得好，在表演的队伍里就能往前挪。吹得最好的是头杆笙，他保着嘴子。在传习过程中，笙、笛等技艺上乘者多是家传。笙不易学，二十个人里最多能有五个吹得不错的。有的人学不了，就半途而废了。

这种传承方式看似没有章法，实际上既保证了技艺传承，还保证了技艺的家传。白天在公共空间传习技艺，大家互相切磋学习，回到家，对自己的孩子讲讲家传技艺，让他能够拔份儿。这种类似竞技的内在动机，我们或可将之称为"民俗竞赛"。

实际上整个皇会就是"民俗的竞赛"。以邵公庄为例，为了不输于河对岸的西码头高跷会和佛乐班子，自己研究出了吹会，看到别人没有专门办七月十五日盂兰盆会的，于是村民自己组织起来办；看到别的会有法鼓，自己行进中气势太弱，不够气派，于是也引进了法鼓。一道会的特色正是在这种竞技的动机下形成的。

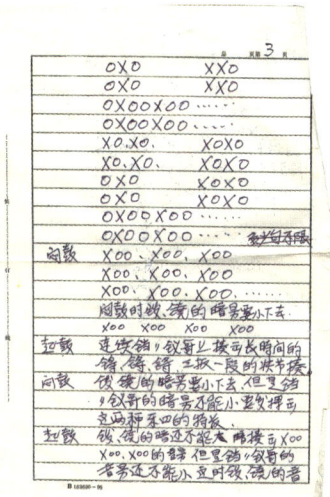

1983年誊抄的法鼓鼓谱（三）

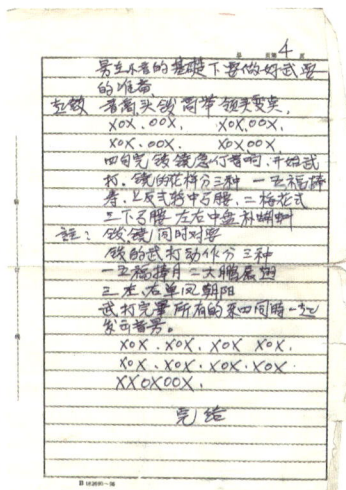

1983年誊抄的法鼓鼓谱（四）

　　姚俊岐说，乐手"八十岁的还有两个，但是已经无法出会了。我是第七代，比我小的基本会表演的没有。我哥哥是敲鼓的。八十四了，出不来了。六十四五的有三个。五十七八的有二十几个，四十多岁的有三十多人。会员都是多面手，既能吹乐器，也能敲法鼓"[1]。但是这些人住得分散，不好聚在一起了。

1.采访时间：2012年4月24日；采访对象：姚俊岐；采访人：史静、张礼敏。

六、会与会的交往

因为皇会的竞赛性质，很容易因为"别苗头"引发争斗，所以各会在交往中立了一系列规矩，互相礼让；各会的本事该显的时候才显；各会的绝活不外传，训练时严防他会偷窥偷学。偷学其他会的绝活，称为"捋叶子"。

交换会帖。会帖上一般会写着本会的会名，比如邵公庄音乐会的会帖上写着"邵公庄萃韵自立音乐老会仝拜"。老会帖上的字都是用戳子印上去的。帖高23厘米，宽12厘米，一般用红纸印制。会帖放在木制的拜匣里，拜匣放在香袋中，出会时由会头背着。拜会、请送会、会见会的时候，交换会帖。这是老传统，换过会帖，就算有了交情，不能不讲面子。以前换帖的时候，还有"会见会，打一跪"之说，送帖的时候，

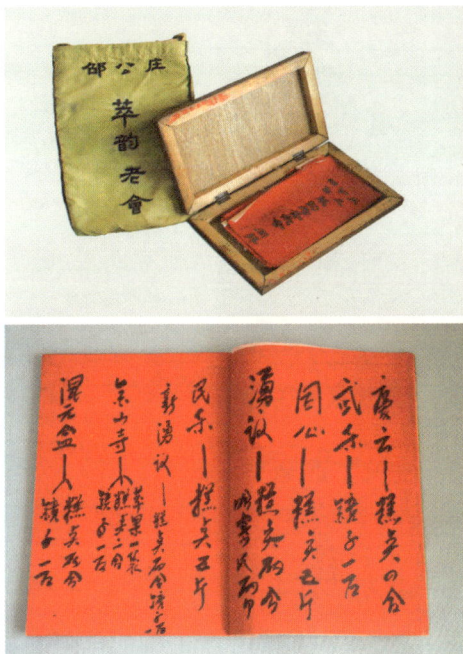

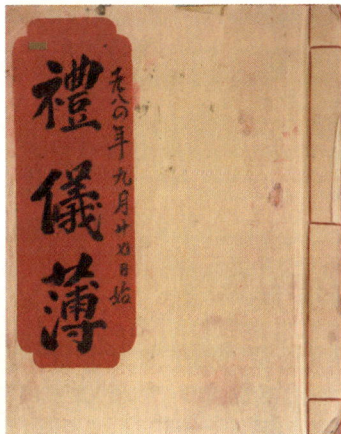

1. 装会帖的匣子
2. 1983年老会复会时关系交好的会赠送的礼品记录
3. 1983年庆祝老会第三次复会时记录会与会交往的礼仪簿

还要单腿假装下跪，表示恭敬，现在则改为换帖的时候双手抱拳作揖。

拜会。一道会特意去拜访相熟的另一道会，或者新成立的花会去拜访老会，都称为拜会。这时，被拜访的东道主要招呼大家进门，点心、茶水伺候，交换会帖。东道主通常提议两会表演切磋一番，拜访者通常要推辞，也是为了把面子留给对方，以免有挑衅之嫌，惹主人不高兴。

请送会。每逢庙会，除了邵公庄本庄的吹会出会之外，还会邀请邻

| 1 | 2 | 3 |
| 4 | 5 | 6 |

1. 西码头百忍京秧歌老会赠送的会帖
2. 芥园西鲜花老会赠送的会帖
3. 永丰屯西池八仙老会赠送的会帖
4. 西门内混元盒民乐老会赠送的会帖
5. 天后宫前公仪宫音法鼓老会赠送的会帖
6. 解放前为老会制作铜器的铜铺的帖子

庄的，如西窑洼或西码头的会来表演，这就是请会。或者在表演会场中遇见了，希望邀请对方的会来自己这里落一场，也需要请会。请会时，会头和几个人带着两把铙子，拿着会帖，再带两把手旗。会头在前边，一拱手，说一声"爷"，敲铙子的"铙铙铙，铙铙铙"敲几个音。响完音后，会头作揖必须得到位。如果请别人家的会上这儿来表演来，人家来了，打钹的人要把钹举起来，过顶，表明礼让。有的时候，请会者还要提前三天去下会帖。三天后，被请的会到了，还需要到村口去接会，接会者一般都是村里有威望的人和会头等，举起手中的乐器或旗子，会头互相作揖换帖。现在，有了电话，这种正式的组织与组织之间的礼节已经不需要了，会头跟会头打个电话就行，会与会的交往更零散、更私人化了。

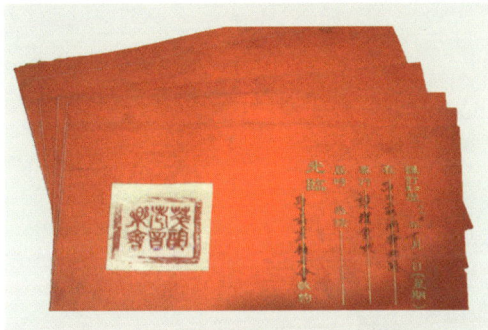

庆香港回归设摆时所用请柬

印制会帖的漏版

会见会。两道会在行会中相遇，双方首先要停止演奏，演奏者将手中的表演器具举过头顶，敲钹的把钹心朝上，鼓师举着鼓槌子。这跟给警察看自己的双手是一个道理，示意我没有争斗之意，将表演器具举过头顶也可保证两会交错通过时不会有人不慎碰到乐器，以免被另一道会解读为"欺会"。

会与会错开行进之后，才能再继续表演。如果会见会，表演没有停下，就是违反了规矩，容易发生"欺会"、"砸会"，引发冲突。所以才会制定会规，对大家进行约束。

据说，1947年，杨家庄子永音法鼓去大直沽参加五月初二的庙会，跟佟楼高跷打了起来，就是因为佟楼高跷有点不懂这个会规。杨庄子有句暗语，"出去四个高照回来仨"，意思是杨庄子的高照叫人给砸了一个，而永音法鼓把高跷会一个拿旗杆儿的人打死了。双方的争斗发生在在进香的时候，按常规一道会进完香，应从规定的路线退出来，另一道会才能进去，但是佟楼高跷进完香后没有退出来，而是就地开始耍闹。杨家庄法鼓等久了，两边闹了起来。一般遇到这种情况，就需要面上的人或是惹惹来从中调停了。

第三章

程式与技艺

一、传统曲目与流变

萃韵自立吹会表演场面宏大、雍容壮观，受到人们的广泛喜爱，传承百年不衰。邵公庄萃韵自立吹会的表演，大体可以分为两个阶段，在表演队伍中表现为两个组成部分。在立会的前期，该会是以吹奏为主要表演方式，后来为了营造气势，又加入了法鼓。据说，法鼓的表演技艺主要来自于宫北大街宫音法鼓的传授。

萃韵自立吹会作为产生、发展于民间的音乐演出组织，具有鲜明的民族性、民俗性、民间性。他们以纯朴的民间文化和佛教文化相结合，不仅具有原生态的主要特征，同时又拥有较高的艺术价值。在缺乏文化娱乐的年代，戏曲表演是百姓喜闻乐见的艺术形式，有很多广为传唱的精彩选段。萃韵吹会的表演就以笙、管、笛吹奏乐曲为主，大部分来源于已成型的民间剧目，经常表演的有河北梆子的《三娘教子》《井台会》《秦香莲》，京剧的《借东风》《女起解》《钓金龟》《滑油山》等。吹

姚俊岐先生演示吹唢呐

会里的套子是起板、乐板等，"就跟唱戏一样，这个吹会。板眼差一点儿也不行，差一点儿合不到一块儿。一起板，起的《滑油山》的

第七代会长姚俊岐敲击法鼓

板，你就得吹《滑油山》，不得听那个打鼓的嘛"！表演《滑油山》需要半个多小时。[1]

传承人们演练萃韵法鼓

1.采访时间：2012年11月13日；采访对象：赵正鋆、赵正琦；采访人：张彰、张礼敏。

萃韵吹会吹的曲目并非一成不变，而是随着时代的变迁而变化的。最初，该会吹河北梆子和评戏，京剧风行之后就改吹京剧，像《借东风》《女起解》《滑油山》《钓金龟》《目莲僧救母》等，各种戏都有。《女起解》是青衣戏，《目莲僧救母》是老旦戏，而《照妖镜》则是老生戏。新中国建立后，邵公庄吹会一度改为"东升文工团"，并创作新节目如单弦联唱《赞新风》等以适应时代的发展，在当时有一定的影响力。赵正鋆先生说："当时在南市有一个电台，给我们录过音，录了两段，一段《借东风》，一段《女起解》，大概是1952年。后来就不吹京剧了，吹新的革命歌曲。"[1] 东升文工团活动的时间并不长，之后老会销声匿迹了很长一段时间，直到20世纪80年代才恢复起来，这时又回归传统，以演奏京剧折子戏为主了。

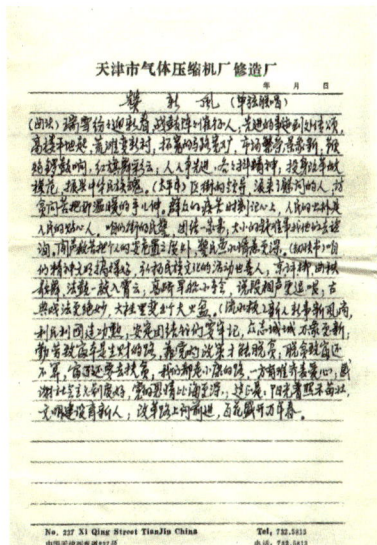

东升文工团时期创作的节目

1.采访时间：2012年11月13日；采访对象：赵正鋆、赵正琦；采访人：张彰、张礼敏。

二、表演程式

　　行会截会的时候，通常根据双方的交情来决定表演时间和内容。一般来说敲一套"常行点"就可以，甚至不进行吹奏表演。如果每次截会都表演很长时间，体力和行程安排都不允许。比如铙的尺寸大约在直径四十厘米左右，"耍不了多长时间，太沉呐！这边一起鼓就开始耍，哗，哗，哗……砰嚓砰嚓砰砰嚓！这一套下来，人那白毛儿汗都得下来！很累！"

　　设摆的时候，则断断续续敲一整天，"说敲就敲，大家一高兴就再来一段"，"老河西"敲起来。"老河西"又称"慢河西"，越慢越好，稳中出巧音。20世纪80年代记录的"老河西"曲谱是这样的：

　　×.×.××○.　　○○×.

　　○○.○○.××　　○○

　　××.○○.○……　×○—×○

　　○○×.○○○.　　×○○×××

　　○○×.○○○　　×○○×○

　　○○×.○○○　　×○×○××○×○○×

　　○.○×.○○×　　○○×.○○×

　　在这里"."表示停顿，"×"表示"嚓"，"○"表示"吮"，"……"表示重复。

　　"老河西"敲完一套，要"闷鼓"再"起鼓"，来丰富演奏时的节奏变化。

　　闷鼓：○.○×.○○×.○○×……

　　起鼓：○.○×○○×.○.○×.○○×

　　"又回'常行点'了，完了事儿再起'叫门儿'，'叫门儿'起完

了再起'龙须儿'，'龙须儿'再拐回'老河西'。"敲完套子以后再回
到"常行点儿"，再起鼓、改点儿。"这就得听鼓的了，这一阴鼓，哗—
哗—，这鼓一回来，就起点儿了。起点儿听钹的，没（mèi）音，起音。
鼓一没（mèi）音，就是告诉大伙儿啊，要改段儿了，'啪'一起点儿，
这鼓一回来这一起点儿，这钹就举起来了。大钹，就开点儿了。"[1]

之后，接"快河西"。顾名思义，"快河西"节奏欢快，与"慢河
西"谱词相同，但行点要快得多。奏完"快河西"，也要"闷鼓"、"起
鼓"。之后，可以再奏"常行点"，多少句不限。紧接着是"上擂"：

〇×〇〇×〇〇

×．×．×．×

××〇×〇〇×

××〇×〇〇×

××〇×〇〇×

〇〇〇〇×〇×〇

〇〇〇〇×〇×

〇〇〇〇×〇×

〇〇〇　　×〇×

〇〇〇　　×〇×

〇〇×　　〇〇×

〇×〇×　〇〇×

〇×〇　　×××〇

〇×〇　　×××〇

〇×龙×〇〇　　〇×〇〇×〇〇

　×〇．×〇　×〇×〇

1.采访时间：2012年11月13日；采访对象：赵正錾、赵正琦；采访人：张彰、张礼敏。

×○.×○　×○×○

○×○　　×○×○

○×○　　×○×○

○×○○×○○

○×○○×○○

　　萃韵老会中的法鼓表演，主要使用鼓、钹、铙、铛子、镲铬等，能够在表演时迅速形成声势。他们所表演的套子跟其他法鼓会基本相同，除了"正点儿"之外还有如"老河西"、"常行点儿"、"叫门儿"、"龙须儿"、"快河西"、"上擂"等。敲"正点儿"时没有动作，"一到'快河西'这点儿就快了，哗哗哗……咣嚓咣嚓咣嚓咣咣嚓……"从具体动作来说，有"金鼓齐鸣"、"扑蝴蝶"、"转蛤啦"、"张飞骗马"、"苏秦背剑"、"回头望月"等。"扑蝴蝶"是该会比较独特的动作，通常在敲"常行点儿"时表演，演员手持上下两个铙，做扑蝴蝶的动作；"转蛤啦"是演员手持铙使之旋转，两个铙不能碰到，常在"上擂"时表演，由持钹、小镲铬、小锣的演员进行演奏。"上擂"的时候，铙的表演动作还可以是上面"扑蝴蝶"，下面"转蛤啦"；钹的动作是亮钹，没有太多的动作。

　　到了20世纪80年代。老会中的部分成员对法鼓表演中的技巧进行了归纳总结。铙的动作分为三种：五福捧寿，在反式转中弓腰；梅花式，连续下腰三次，左右中盘；扑蝴蝶。钹的动作分为三种：五福捧寿、大鹏展翅、左右丹凤朝阳。

　　在法鼓中，头钹和头铙是主要的，起着"领导"、"指挥"的作用。头钹、头铙不动，后面的乐器不能动，更不能抢点儿。头钹开钹，接下来铙一起点儿，这俩一合，后面就跟着敲起来。所有套子都是由钹开，有三下的，有两下的，有四下的。比如"叫门儿"，"由钹开始，咔！

咔！慢。两钹下来应当提三钹，打对点儿，这就让给铙了。这两钹一下去，咣—咔！咣—咔！咣咣咔！这个'咣—'在头里比较幽暗，'叫门儿'嘛，幽暗。要不这个鬼调儿出不来啊。这个铙在头里了，表示幽暗。要是钹在头里，表示'武'。那阵儿，我们老前辈没练出来，有四个点儿，这四个点儿没练出来，不好练。那四个点儿乱，不好练。四个点儿挂锣，我们这个法鼓不挂锣，一挂锣就不叫法鼓了。"[1]

　　萃韵老会的法鼓表演中，与其他法鼓类似，有"咬五通"的内容，也有大上擂和小上擂的程式。两道法鼓会一般不会同时表演"咬五通"，否则有"唱对台戏"的意思。"咬五通"一落（lào）点儿，就可以开始大上擂了。大上擂属于"武"法鼓，鼓点急促奔放，竞争性明显，用行话说就是"相互咬"。上擂表演结束后，即为"收点"，"嚓咣嚓，嚓咣嚓……"，鼓声逐渐变弱、变慢，"阴"（yìn）下去了，而铛铛和镲铬儿的声音则逐渐显露出来，"铛儿铛儿铛儿铛儿……嚓嚓嚓嚓……"。最后，鼓声再次快速"抬起"，以"嚓咣嚓咣……咣咣嚓咣嚓"结尾。从起钹到落钹，一整套表演下来需要四十分钟左右，表演的会员体能消耗颇大。

---

1. 采访时间：2012年11月13日；采访对象：赵正鋆、赵正琦；采访人：张彰、张礼敏。

三、绝活儿

可以说，每道有名气的花会都有自己的绝活，这样方可在众多花会中占有一席之地，扬名立万。

成立初期的萃韵老会，也是使用常见的吹奏乐器进行表演。但仅有吹奏表演形式，又不适合安排演唱，就难以出众。为了使表演形式独具一格，会员们开始想办法进行创新。后来，他们发现管子、唢呐的"嘴子"也能单独吹出音调，遂受到启发，探索用乐器模仿人唱戏的声音，把烂熟于心的唱段表现出来，于是自创了独特的吹奏乐器："洼引"，又名"嘴子"。在天津的其他"吹会"中，都是使用笙管笛箫以及唢呐等，惟有萃韵吹会使用"洼引"。"洼引"是该会自制的独有乐器，被熟练的吹奏者含在口中，模拟出惟妙惟肖的戏曲唱腔，远远听来，犹如真人在演唱一般。这种乐器从选料、制作、吹奏都是老会自创的，老会行会时配上其他吹奏乐器，既保留佛乐、古曲、昆曲、河北梆子、京剧等唱腔韵味，还将法鼓的吹打表演技巧融为一体，使曲调铿锵悦耳。"洼引"作为民间独创的乐器和吹奏技艺，为其他乐器所不可替代。人们远远听到声音，就能分辨出是不是萃韵老会的表演，皆是因为"洼引"的缘故。

演出开始时压声用的梆子　　　文场演出时使用的铙　　　　武场演出时使用的钹

吹奏"洼引"有许多技巧，主要有抿、吐、舔等。抿，就是用嘴唇抿出字音，多为细调儿；吐，即向洼引内迅速大量供气、吐气，吹出憨调儿；舔，则是用舌尖调节气息，吹出某些字音。吹洼引要从胸前用气，灵活调节嗓、舌、唇部：用嘴唇一抿，是气韵的；从嗓子里一灌，是憨韵的。

洼引吹奏时模拟唱腔，一般都会搭配其他吹奏乐器以及胡琴、鼓等，表现出河北梆子、京剧、昆曲等丰富的剧种风格。吹奏者须熟知戏曲表演、人物性格，才能吹得有板有眼。学习吹"嘴子"最困难，需要十几年的功夫。老艺人需要挑选有天分的孩子从小学起，才能训练出优秀的现场表演者。技艺娴熟的表演者将"洼引"含住，用舌头和气进行吹奏，吐字清楚，中气十足。正是这样的表演需求，使得听戏、唱戏成为基础能力，"你得会这唱才能吹出来，你不会这唱你吹不了。最起码你先学唱，掐板，学唱，唱出来了才能吹出来，你不会唱你怎么吹呢？你嘛也不懂你怎么吹？"[1]

"洼引"这种独特乐器的产生，体现了劳动人民强大的创造力。洼引表演的高手，可以用洼引模拟"说话"。曾经的洼引高手有宋四爷、冯五爷、刘三爷、冯金禄、郭秀元、王秉仁；现在吹洼引比较好的有两人：一个是姚嘉诏，一个是姚嘉赞，都是姚俊岐的侄子。在赵正琦家中，笔者还看到了两个尚存的"洼引"实物。

1.采访时间：2012年4月24日；采访对象：姚俊岐；采访人：史静、张礼敏。

第四章

器具与遗存

一、仪仗执事

邵公庄萃韵自立吹会曾有全套的仪仗执事，如软对、灯罩、茶炊子、糕点箱子等。解放天津时，邵公庄一带恰为攻城的前沿阵地，几乎所有的房屋都毁于战火，体积大、木质的执事器具及大鼓、鼓箱等也几乎全部被毁，仪仗队、法鼓队基本无法出会。现在所见的邵公庄吹会仪仗是1983年重新制作的。

1	2
3	4

1. 会牌
2. 手旗
3. 写有"萃韵"字样的门旗
4. 日月牌

鼓箱子：椴木制成，作盛鼓之用。鼓箱子上面插着围子，为木雕缠枝花卉。鼓箱四角均雕刻四爪龙头双尾兽，据说是"年"兽。鼓箱子四面插屏为写意山水，由一圈梅花纹饰环绕。箱底为二龙戏珠图案。鼓箱四足上方雕刻虎头，腿作弯曲状，呈现老虎发力扑食时的形态，显得孔武有力。现存的鼓箱子是1983年请西南角电线杆子胡同的木匠做的，一同制作的还有两对茶炊子（现仅存一对），最后由当时的会头龚五爷上大漆。

软对：仪仗中用来彰显老会宗旨、特色的对联，一般为布制，挂在木杆之上，木杆插在墩架上，对联上方是刻有会名的木质构件。邵公庄的软对上书："吹奏古往今来事，敲打迎福绵寿音。"

硬对：在仪仗中成对出现，和软对的高低尺寸一样，区别在于硬对由木框镶嵌玻璃而成。设摆的时候将木杆插在墩架上。木杆最顶端是个龙头，龙头上还有红色的绒球。硬对上书"群雄共赴神州擂，百让鼓奏乾坤乐"，由赵正鎏先生撰写。

部分仪仗执事

软对的架子底座　　　　　　　　　　　高照

灯牌：一般为四个，一边两个；有的时候八个，一边四个。长方形，由枣红色木框镶制玻璃而成。木框上雕刻花鸟。灯牌上一面写有会名，一面绘有梅兰竹菊。灯牌里面过去放蜡烛，现在已经把插蜡烛的地方改为灯口，晚上设摆的时候在里面放灯泡。灯牌的作用是静街，是民间对官员"回避牌"的模仿。

高照：一般为两对，插在2米高的木杆上，下面插在墩架中。高照上的灯笼直径半米。灯笼上写着会名"邵公庄萃韵"。高照的意思就是灯比较高，可以往下照，照得高，所以叫"高照"。邵公庄的高照是将羊犄角融化后吹制而成，半透明。直到1997年，邵公庄吹会的一整套执事器具终于备齐。

"萃韵复鸣"匾：萃韵老会还保留一块匾，上书"萃韵复鸣"，是1983年为庆祝老会重建请著名书法家耿仲敭先生书写。

茶炊子：茶炊子为木制，上面放铜水壶。茶炊子四角插四盏角质灯，写有"邵公庄萃韵"字样。邵公庄的茶炊子上原来多刻有三仙图，佛手、石榴、葫芦等各种花草的图案，现在镶嵌玻璃，上面用漆书"邵公庄萃韵自立老会"字样。现会里仅存一挑茶炊子。挑茶炊子的扁担是用藤子做的。据会里的老人介绍，当初的法鼓是给皇上看的，所以茶炊子是从皇宫里面流传出来的。皇上出游时要带些吃的、喝的、穿的、用的，茶炊子就是伺候皇上用的。

茶筲

八方盒子（点心盒子）

茶炊子

八方盒子（点心盒子）：两个，是用来盛点心的，盖儿上刻的是福禄寿喜。盒身刻写意画，有兰花、虾戏等主题。

除这些执事外，目前能看到的与会有关的物品还包括1997年庆祝香港回归演出时所用的横幅、日月牌、会牌等，这些物品存放在仓库中，已无法统计了。从20世纪80年代复会时统计的物品清单来看，主要有茶具、绸缎、扁担、珠钗、乐器箱套等共计66项，其中部分遗失，无处可寻。

二、乐器

　　出于自身表演的需要，萃韵老会的乐器主要分为吹奏类和打击类。吹奏类主要有笙、管子、笛子、洼引，打击类主要有鼓、锣、镲铬、镗镗、铙、钹等，这些乐器按照京剧的乐器体系分为武场和文场。以唱戏为主的叫文场，主要配器是管弦乐，包括弦子、笛、笙、唢呐、云锣等。以打击乐为主的则为武场。为武场伴奏的打击乐器基本上有四件，首先是板鼓(包括檀板和单皮鼓)。板鼓是很重要的乐器，是京剧乐队的指挥，由它来掌握节奏的快、慢。另外，还配备三组乐器，首先是以力度强、音响丰满的大锣为主，以声音哑、音色低闷的铙、钹和音色清淡的

镗镗

撞盅

鼓佬

锣

小锣为辅，表现热烈的场面。第二组以铙钹为主小锣为辅，用来表现压抑、悲凉的剧情。第三组只用一件小锣，以表现安详的气氛。

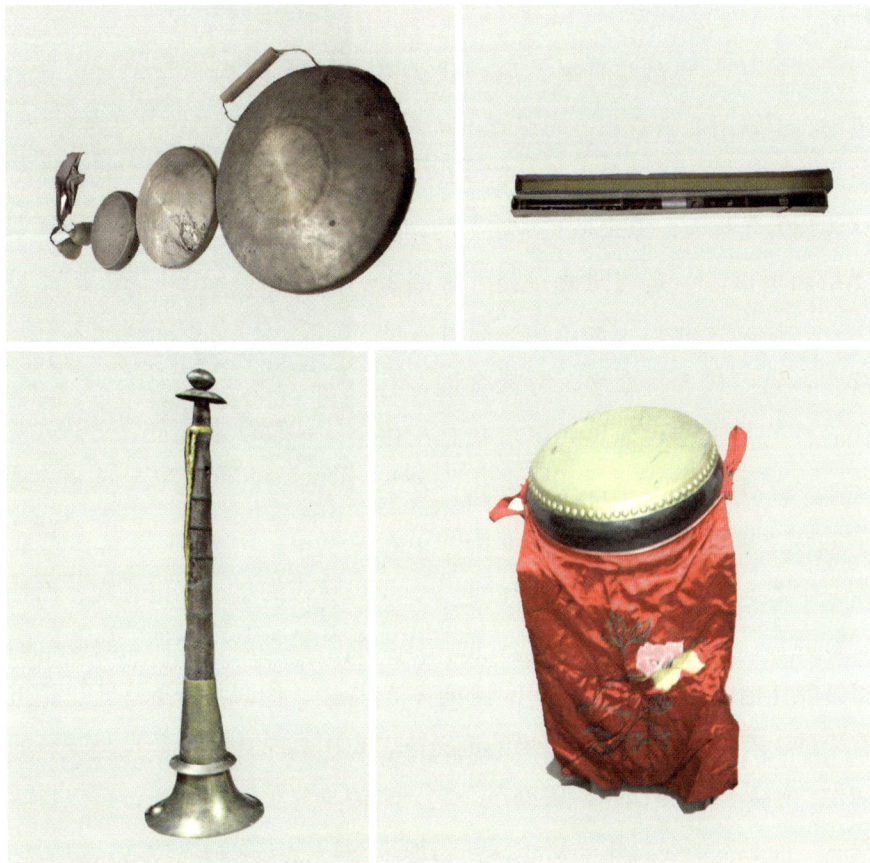

1. 四种打击乐器（从右至左依次是大锣、
   小锣、云锣、撞盅）
2. 笛子
3. 唢呐
4. 围着鼓围子的腰鼓

1	2
3	4

萃韵吹会的一些乐器是老物件儿，如两副老的铙、钹，笛子，三部笙。其中笙尤其珍贵，是当年天津有名的"笙王"制作的。

"笙王"是制笙世家，第一代为王进财，原籍河北省景州，为道光年间人；第二代王庆元为1850年生人；第三代王凤林为1897年生人，原来是"跑庙"的，主要给庙里点笙，是当时点笙技艺最高者之一，后来，他到了邵公庄一带并在此落户；第四代人口众多，分散各地，具代表性的是王印兰先生；第五代是王俊华。"笙王"家第三代和第五代，都为萃韵吹会做过笙。一部音准准确的笙，

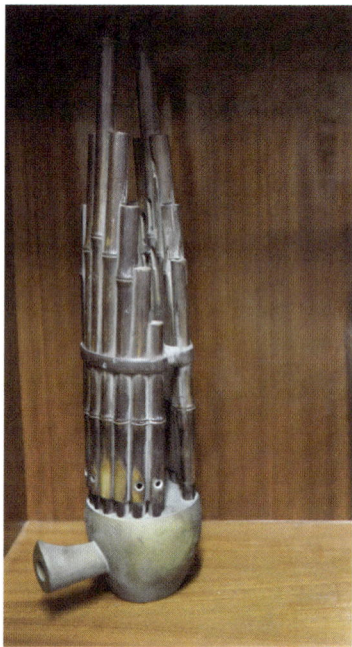

"笙王"点过的笙

需要手艺人"点"，即对笙进行调音。王凤林点的笙，不但音准，而且"特调儿"，既吹着很省劲儿，而且比一般的笙都高一个调。姚俊岐的爷爷就让他们点过笙。"不管他们吃，只管住，住在我爷爷这儿。笙里有朱砂，有龙皇，还得拿研磨的铜锈点，点出韵味儿来。"按赵正銮的回忆，则是用蜡跟铜锈，研磨在一起。王俊华先生耳音极准，可以口吹双管，而且对制笙技术钻研很深，将原来的17管笙改制成19管、21管、24管、27管，还制成了我国第一传49管的笙。赵俊岐的七伯父还对其进行了改良，将笙底部传统的木托改为了铜托，极大地延长了笙的使用寿命。现在的笙托，则由白铁制成。王凤林先生为萃韵吹会所做的笙现藏于红桥区文化馆中。

邵公庄老会中吹笙好的人很多，如章六爷、姚四爷、李群李二爷、

红桥区文化馆陈列的老会乐器、器具等

刘振青刘大爷、刘振钧刘四爷；吹笛子的有姚恩庆、姚俊岐、姚俊友、孔繁瑞、孙恩华等，还有新一代的赵凤力，郑发之、郑发友郑家兄弟等人。据说吹笙最好的是章六爷，姚四爷吹笙也特别好，都是清朝时候的人。姚四爷的儿子姚恩林，孙子姚俊山、姚俊岭，还有姚嘉全、姚嘉瑞、姚嘉山，都吹笙，他们家出了至少四辈吹笙高手。

西藏解放时，邵公庄派出所在当天凌晨三点多钟传达喜讯，老会会员闻风而动，重新操起破损的法鼓乐器，临时借来一套大鼓和鼓箱，绕村行会一周。"文化大革命"时，破损的乐器也都被抄走，邵公庄就彻底没有法鼓队了。

1983年筹备复会时，乐器的购置是重要工作。当时他们从天津锣厂买了不少乐器，由王秉仁制作了洼引。从1984年国庆节开始，红桥区政府组织"文艺宣传队"在西沽公园、红桥体育场等地方演出，邵公庄吹会多有参与，还曾获得多个奖项。1997年香港回归，邵公庄音乐老会的执事、

乐器正式聚齐，设摆
了四五天；后来澳门
回归，也进行了设摆
表演。

目前，因为没
有自己的会所，萃韵
老会的执事、乐器部
分寄存在红桥区文化
馆楼上，得到了较为

乐器箱

妥善的保管。但大部分执事、服装、乐器，由赵正琦先生代为保管。原
先，这些物品就放在西青道千禧园的地下室中，因为返潮，部分物品损
坏，赵正琦先生又自筹人力、资金，将物品转移至邵公庄地区的联合执
法大队的仓库中。仓库空间狭小，灰尘弥漫，十分不利于物品的保存，
让人不禁对老会的命运嗟叹不已。

三、乐器的制作和演奏

萃韵吹会现存的打击乐器中有一部分是老的，是新中国建立前留下来的。这部分乐器是在祥发顺铜铺打制的。铜铺是老会会员姚恩祥的产业。笙则是请定居邵公庄的第三代"笙王"王凤林制作的。洼引也是会中制作，会中教学，体现了民间文化的在地性。

"洼引"作为吹奏乐器，其制作时，需要用老房屋顶的苇把子，选取中间的陈年旧苇截为小段，经过浸泡、刮削、蒸、上箍、夹扁、油炸、试音等多道工序才能完成。其中上笼屉蒸制、夹扁的工序需要多次重复。首先把苇管在水中浸泡至软，再刮削表皮，然后在一端缠绕铜丝为箍，把另一端用夹子夹住，上笼屉蒸。晾干后撤掉夹子，若再张开口，就再蒸，直到晾干、撤掉夹子后不再张开，就用油炸。油炸后再晾

1. 第八代洼引吹奏者姚嘉赞
   表演吹洼引
2. 洼引
3. 黑管

1	
2	3

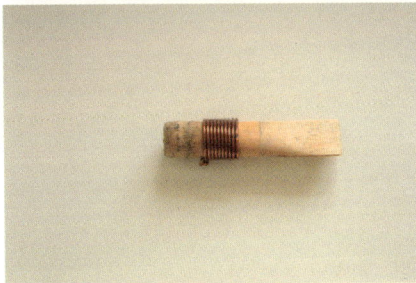

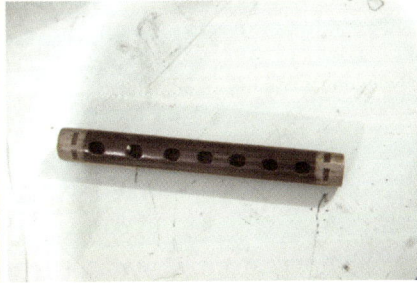

干，再浸泡，再晾干，从有铜箍的一端吹气，把夹扁的一端稍微鼓开，经过试音，选取其中少数能对上调儿的。每一批洼引的成品率并不很高。赵正鋆先生说：

> 那时候吹嘴子最好的，是宋四爷，咱都没赶上，宋四爷宋振东，还有冯五爷。这吹嘴子就像京剧里的那个演员，其他的乐器是伴奏。为嘛我们这老生戏特别多呢，就是为了适合吹嘴子的表现。也有青衣戏，比如《女起解》，就得用不同的嘴子。这嘴子也是分几种音。[1]

目前在世的能吹奏洼引的仅有二人：姚嘉赞和姚嘉诏。姚嘉赞不但会吹嘴子，还会打大锣。

1.采访时间：2012年11月13日；采访对象：赵正鋆、赵正琦；采访人：张彰、张礼敏。

四、服饰

萃韵吹会在表演时穿的服装，以清朝风格的服饰为主，间或亦有民国风格的。这种着装样式不但符合表演内容，而且也体现出"传统"的意味。第三次复会时还加入了西装这一现代服装元素，乐手们穿米色西装，扎红色领带，穿黑皮鞋。

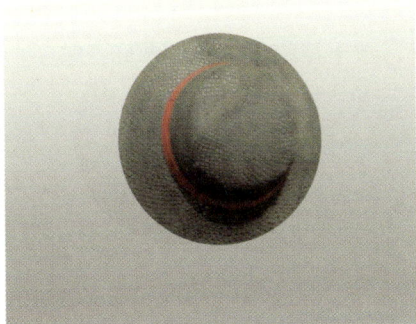

出会时会员所戴凉帽

出会时会员所戴竹编帽

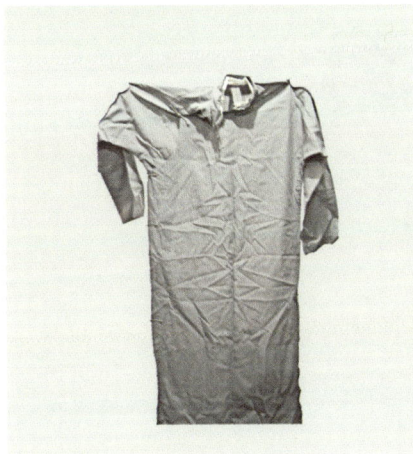

演奏乐器者所穿灰色大褂

袖标和香袋

儿，黄灯笼裤，腰系黑色板带，头上包头、挂翎、绒球。掌铙钹的人头戴一个大绒球，鼓手则为三个。吹奏队伍的人，身着灰布长袍、缎子马褂、大帽刺儿。

服装在很大程度上是花会的"面子"，对于强调"自立"的萃韵老会来说尤为重要。萃韵音乐老会的会员，几乎都是自备服装，这套衣服都是较贵的料子，专在正式出会时才会穿戴起来。有的会员还会佩玉。另外，还有"嚓鬼嚓，吃四扒"（即扒鸡等四种高档菜）的说法，则是通过伙食条件表现财力充足。

每次出会回来，都要把服装洗干净，放上樟脑球，仔细叠整齐保存。

萃韵吹会的表演中没有角色扮演的需要，所以不化妆。

第五章

传承现状

一、社区拆迁

邵公庄吹会传到现在，已是第七代。第七代会头为姚俊岐老人，现年78岁，住在民畅园里。从平房搬入楼房，对姚俊岐来说，并不是什么值得高兴的事儿。他对于邵公庄萃韵自立吹会的感情很深，现在离开了老庄子，离开了那片土地，也离开了三百多户邵公庄人，真正的邵公庄老会，在他看来，已经不在了。

姚俊岐会长每每提及吹会的现状，都会透露出一丝哀伤，他说："新中国成立60多年了，这60多年里，要是稍微重视一点儿，这东西（皇会）都绝不了。"

我们可以将新中国成立后的六十年划分为两个三十年：革命的三十年和经济建设的三十年。前三十年，革命压倒一切，意识形态领域的铁律让民间文化无所日渐凋敝。姚俊岐家里曾有一个保存完好的娃娃大哥，还有供了几十年的佛像，后来破除"四旧"，改造世界观，娃娃大哥摔碎了，佛像烧了，现在回过头来看，这都是多么重要的民俗资料啊。

经过改造价值观引领的改造一切的社会运动，民间生活方式被改变了。姚俊岐家中现在已经看不出"在理儿"的痕迹，娃娃大哥也没有了，只有一尊供了五十多年的菩萨像，他说："我这个菩萨是历史的记载了。打我老人那时候儿就供着菩萨，有一个菩萨我的家庭风平浪静，没有别的事儿，孩子不惹祸，大人在外面出门也好赚钱也好干嘛也好，没在外面出过事儿，这都属于菩萨保佑。菩萨在哪儿呢？我不知道！不过就是一个思想观念，菩萨保佑我了，我走哪儿胆儿大，我有菩萨保佑。所以我每年每月初一、十五给菩萨烧香。刨去这个我什么都不信。说信过吗？信过。小孩儿的时候信过，那年月我'在理儿'啊！我信过。但是顶到脚下了，一个社会一种（生活方式），对吧？"[1] 民间结社也因此变成了有法律重新赋予的权利，但结社的人已经不信这个了。

社区改造把邵公庄的庄户都迁进了佳园北里、佳园东里、民畅园等社区，用防盗门代替了贴着判子和秦琼的两扇中开的大门，邻里的温情让位给了原子式的弱链接。因为这种改造，一切事情都变得简单明了，缺少诗意。原有的互帮互助，生于斯长于斯的与土地的深厚感情在现代社会中显得多余。人们似乎已经不需要接地气了。冯骥才先生说过，民间文化是中华文化的一半。顾颉刚先生也说过类似的话，这一半文化与另一半精英文化没有优劣之分，他们服务于不同的对象、意识、生态。但现在这一半文化复兴的努力如此艰难。

城市改造的进程如此之快，使民间集会赖以生存的各种要素被破坏殆尽。大批的庄民散落在城市中，相聚变得困难。原来的邵公庄已经消失，现在的邵公庄只是一个行政区域，与他们的文化和生活没有太直接的联系，况且还住在这里的老会员已经不多了。

邵公庄萃韵自立吹会原来的会所是一座土地庙，里面供着一尊土地爷。大伙儿把土地爷挪到后殿，就在前殿练习，白天练法鼓，晚上练吹奏。新中国成立后，破除迷信，把土地庙拆了，会员们就将会所迁到邵公庄大街东刘家胡同，在那里盖了三间房，当作会所，叫作"会下处"。根治海河时，因为规划需要，将这三间房子也拆了，会员们又集资，在胡

1.采访时间：2012年4月24日；采访对象：姚俊岐；采访人：史静、张礼敏。

同对过儿修了四间
房。"文革"时，
这四间房被强占，
作了街道"革命委
员会"总部。"文
革"终于结束了，

书法家耿仲敫为老会书写的"萃韵复鸣"匾

街道组织小联营，将这些房子改成了包子铺。邵公庄吹会的会所就这么被
占据了。改革开放以后，会员们心气儿很高，都想把会重新操办起来。于
是花钱置了家伙儿，特别能说明会众热情的是他们特地请了光绪举人华士
奎弟子耿仲敫先生写了一块匾，上书"萃韵复鸣"四个大字。"为嘛题这
个呢，因为我们这个会倒过好几回了，又重新起来的。"[1]

传承人重聚红桥文化馆

1. 采访时间：2013年4月24日；采访对象：姚俊岐；采访人：史静、张礼敏。

  但是包子铺的房子却未能收回来，被街道租给银行了，再后来，因为平房改造，拆了。"街里当时对我们说，拆了不要紧，以后给我们找房子。不给你们找房子，给你们找地界儿，给你们盖。拆房子时，给咱评了9万块钱。我那阵是会头，没要钱，就等着他们盖房子，却一直没盖。我去找他们，让他们盖房子。可是包子铺属于庙产啊，公共的，不是你的也不是我的。后来，我们把钱要回来，就找个地界儿在张树林那里盖房子，城管就拿拖拉机把我们房子给铲了。现在，钱没了，房子也没了。我们成立会就是图个自娱自乐，也不向你们要钱，还为邵公庄宣传。"

  在这种情况下，姚俊岐曾想过把自己家作为会所，召集大家来家里练习，但是不出三天，老伴儿就抗议了，"我们连公共场所都没有了，我们弄嘛，拽我家来了，到不了三天我老婆子腻了，你这是怎么回事

1997年演出时赵正琦掸鼓箱

儿，是过日子吗？"[1] 现代的空间形式显然无法满足社群的公共文化需要，对民间文化的传承造成了不利影响。

在这种严峻的形势下，姚俊岐依然没有放弃"萃韵复鸣"的努力。1997年香港回归时，国人振奋。邵公庄人也想借设摆表达自己的感情，于是决定在邵公庄大街上扎大棚设摆三天。但是在搭大棚时就遇到了街道办的干涉，"刚一开棚的时候，街上不让盖，说你们盖棚来这么些人，万一出乱子怎么办？我出去了。我说这群众组织群众管。庆香港回归！我们洗百年耻辱！在这个日子当中，香港回归，我们不庆贺庆贺，什么时候庆贺？"[2]

1997年红桥区"万民喜庆香港回归民间花会"演出时老会的合影

---

1. 采访时间：2012年4月24日；采访对象：姚俊岐；采访人：史静、张礼敏。
2. 采访时间：2012年4月24日；采访对象：姚俊岐；采访人：史静、张礼敏。

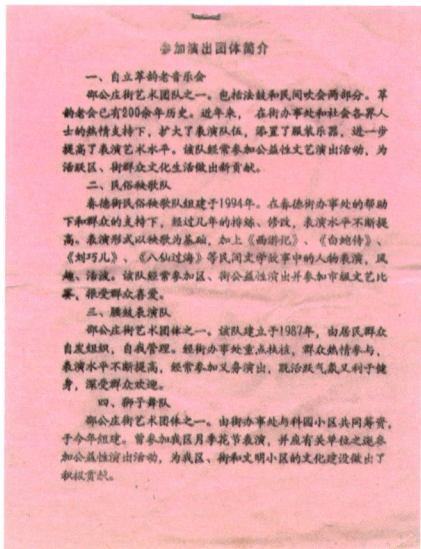

1997年红桥区"万民喜庆香港回归民间花会"演出时对老会的介绍

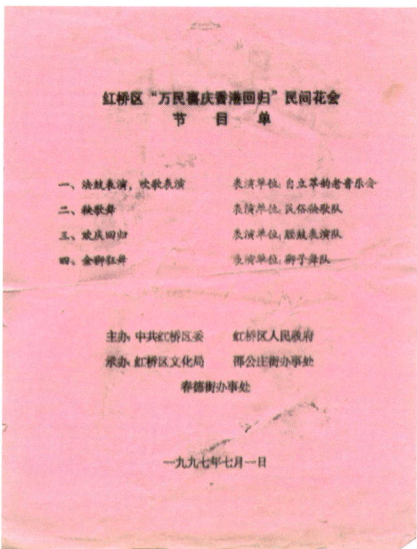

1997年红桥区"万民喜庆香港回归民间花会"演出的节目单

最后在街道办不支持、不反对的态度下，大棚还是搭起来了。大纛旗摆在大棚当中间儿，大棚外头插好门旗，棚顶插满手旗儿，上写"庆香港回归，洗百年耻辱"，这是姚俊岐老人自己想的。大鼓在中间，茶炊子在两边，一边俩。两侧悬挂的是软对儿、硬对儿，灯牌、都弄好了，在大棚前面中间放一张大桌子，桌子上摆的完全都是法鼓乐器，还有吹会的门旗和笙管笛箫，会众们聚在一起，吃捞面，喝酒。

设摆三天，花了将近五万块。

这件事让整个红桥区都轰动了。于是澳门回归时，将邵公庄的人专门请去表演。但是表演作为文艺宣传的一部分，并没有收入，还是得会众们自己出钱。

这之后，红桥区文化馆联系到了姚俊岐老人，提出让邵公庄代表红桥区到津南区小站镇西沟村演出，由红桥区出钱。于是姚俊岐老人就联系了一圈，终于凑够了人手，大队人马开赴津南区西沟村。但是红桥区文化馆的费用，只够买大饼、茶叶蛋和矿泉水的，连会众们在当地吃一顿像样的饭都不够。

文化馆还曾有人来采访过姚俊岐，这件事也让姚俊岐老人非常生气。

"报馆记者给我采访，他不在这里面找嘛，采访完编完他登报去了，说是他的玩意，我这儿完了，问那儿问这儿，写完都走了。他到家编排一下，改成他的名字上报了。天津市报馆来采访，这个会刚起来，采访邵公庄，在西站把我找来，那年我才四十多岁，不到五十岁，人家来采访，咱们都是土包子，不能答复我倒答复了，都是邵公庄所有历史，人家都写完了，外面登的基本都是我的话，但是没有我的名儿。"

"还有电影里面，没有咱的人，有咱的叫唤声，说你们邵公庄做小买卖的多，都卖嘛？卖小鱼儿、卖蛤蟆秧子、卖青果、卖柿子、卖鸭梨儿。'怎么吆喝？'卖蛤蟆秧子小鱼的，就是这么吆喝：'天罗宿，蛤蟆秧子，大小小金鱼儿嘿。''卖柿子呢？''青萝卜（bei），红萝卜，好吃不辣喂，青萝卜嘞，甘蔗好青果，自来熟的喂糖罐（糖罐是柿子）。'演电影有我这句，他们拿这个东西赚钱去了。我给他们吆喝，那时候跟傻子似的。"

所以现在想采访姚俊岐老人，他是不愿意了，"一般采访我不接待，为嘛不接待？都是记者或者文化学者来采访，我把我肚子的玩意给他，他写完投稿赚钱，我不会写，干脆烂我肚子里。"

邵公庄民间文化的断裂，从某种意义上说是在社区、文艺宣传、城市管理等几个因素的作用下发生的。这背后是城市的扩张对以村庄为单位的旧有的社区活动的伤害，也是对群众感情的伤害。

邵公庄萃韵吹会曾经历过三次打击，1949年1月15日解放天津，该会所有的执事、武场家伙和鼓都搁在一个地壕里，一枚炮弹，将之炸毁，只留下了几传笙和几管笛子。在20世纪50年代修复，抗美援朝时期，该村成立话剧社，支持抗美援朝，讽刺美国佬，庄子上人心和，就大家凑份子成立了"东升文工团"，成立腰鼓队，后来又改为曲艺团，唱《杨乃武与小白菜》《新事新办》等。后来，一上哪儿出会，因为邵公庄老牌匾是吹会，所以又将吹会成立起来。

但是"文革"期间"破四旧"时又完全遭到破坏，布景、锣鼓、家伙都被弄走。20世纪80年代在民俗复兴的大潮中，很多别的会纷纷复兴，没受打击的各会来萃韵老会拜会，呈上拜帖，有辛庄的法鼓、庆云的高跷、同心法鼓，都来拜帖。设摆时都来邀请萃韵老会出会，在此种情况下，萃韵老会重新复兴自身的传统。因此，该会三次受毁灭性打击，又三次又重新成立。20世纪80年代刚恢复时，置办了两个茶炊子，还有灯牌、软对、硬对、串灯、宫灯，先后在娘娘宫和西沽出过会；

赵正琦为我们讲述红桥区的变迁

老会的部分仪仗执事寄存于当地一个小仓库中，状况不佳，亟待修复整理

1997年庆香港回归，举行大型设摆。当时邀请了许多会。澳门回归，又大型设摆一回，但这也是最后一次设摆。随着邵公庄的拆迁，该会也被迫停止了传承百年的表演。

"会员都是一庄子，人心齐。一拆迁，就散了，不拆迁，散不了。"2000年，邵公庄拆迁的时候，该会再次遭遇灭顶打击，不仅会所被拆迁至今无下处（会所），而且会里的人员也随着拆迁分散到市里的各个角落，传承成为一个最大的难题，至今已有十多年的时间不再出会。现在，会里的部分表演器具存放在红桥区文化馆的非物质文化遗产博物馆中，另一部分放在一个地下室中。该会的东西原来都在地下室，里头不潮，但尘土多。后来红桥区文化馆找到吹会的人，要成立非物质文化遗产博物馆，就借会里的一些器具展览，这样倒比搁在地下室里好。那些精美的表演器具和仪仗执事，静静地躺在文化馆中，却没有了活态传承。其背后的传承主体四散各处，难以聚集，该会会员为此甚是焦虑。目前，该会正在想着如何复兴，重新出会。第七代会头姚俊岐说："我不能让这道会在我手里没了。"[1]

1.采访时间：2012年4月24日；采访对象：姚俊岐；采访人：史静、张礼敏。

二、记忆缺失

现在邵公庄居民的子女们，已经无法像过去的邵公庄人那样接受公所的教育，加入在理教，在脚行下处听大人们讲故事，在会所外听和看大人们摆弄乐器。他们的生活里没有了庙会、码头、大片的开洼地，没有了净神、盂兰盆会，也没有了开光的菩萨和请来的娃娃大哥。这些集体记忆离开了现场，成为"没有空间的集体记忆"。

哈布瓦赫认为记忆具有选择性，个体记忆将趋向消亡，除非它们被反复提及。而记忆是否得到重复依赖于社会的记忆结构是否赋予他们一种集体的功能。[1]

个体记忆的提供者对集体记忆的形成起着决定性的作用，就像某个文本的提供者或许只是一位作者，而它的接受者却可能成千上万，该作者传达的个体记忆若被接受者融合，就大大增加了这种个体记忆进入集体记忆的可能性。设想一下涉世未深的孩子对文化的认同感是如何被培养起来的，中国历史博物馆的通史陈列为何被重新编排，某些带着偏见的新闻报道如何被易于轻信的公众毫无批判地接受……在这些集体记忆形成的过程中，具体个人进行的组织不可忽视。他们在集体记忆的贯注中，在现实的实践中建构个体记忆。同时，在实践中通过上述方式，努力将个体记忆向集体记忆转变，以便使现实区别于影响着他们的传统与历史，实现个人的价值。[2]

而扬·阿斯曼的文化记忆理论，是为了回答"我们是谁，我们从哪里来，我们到哪里去"的文化认同性问题。文化记忆通常是一个社会群体共同拥有的过去，其中既包括传说中的神话时代，也包括有据可查的信

---

1. 莫里斯·哈布瓦赫：《论集体记忆》，毕然，金华译，上海人民出版社，2002年版，第93页。
2. 海玲，莫琪：浅析莫里斯·哈布瓦赫的集体记忆，重庆科技学院学报(社会科学版)，2008年第12期，第37-38页。

史。它在时间结构上具有绝对性，往往可以一直回溯到远古，而不受一般局限于三四代之内的世代记忆的限制。在交流形式上，文化记忆所依靠的是有组织的、公共性的集体交流，其传承方式可分为"与仪式相关的"和"与文字相关的"两大类别。任何一种文化，只要它的文化记忆还在发挥作用，就可以得到持续发展。相反，文化记忆的消失也就意味着文化主体性的消亡。

而这种"与仪式有关的记忆"，因为共同体和文化空间的瓦解而

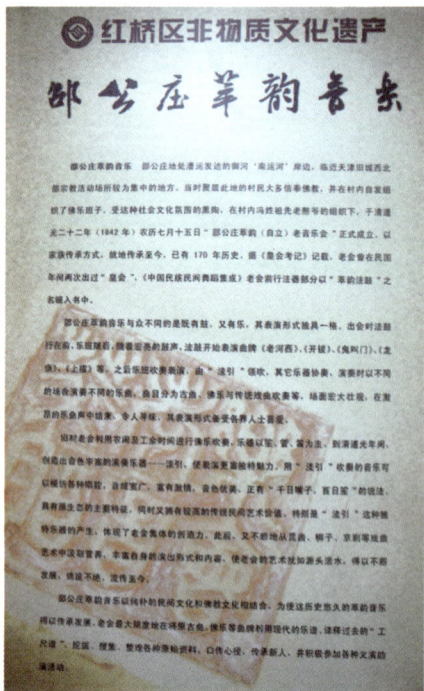

1. 老会的历史资料
2. 20世纪80年代媒体对老会的报道
3. 邵公庄萃韵音乐吹会已被列入红桥区
   "非遗"名录

1	3
2	

1997年媒体对老会的报道

1995年媒体对老会的报道

逐渐消失了，带着旧时代的足音，渐行渐远。现在，代际传播也遇到了巨大的问题。姚俊岐老人今年七十八岁了，会里八十岁的还有两个，但是出不来了。比姚俊岐老人小的基本会表演的没有。六十四五岁的还有三个。五十七八的有二十几个，四十多岁的多，有三十多人，"这些人（是）打旗杆的，出会愿意打就打。"[1]

我们可以从会员的年龄结构中明确看到代际传播的断裂，而这种断裂，在现在这个全球化的时代，要修复很难。姚俊岐老人有一番话发人深省："什么是扶持？旧的文化结合新的文化，没有旧的文化发展不出来新的文化，一点点更变，那个年月就这个东西热闹，没有这个东西社会就死了。"我们不能将旧的东西全盘推翻，妄图在虚无中重建一个传统，我们必须在传统的甄别基础之上搭建新社会的文化大厦。

1. 采访时间：2012年4月24日；采访对象：姚俊岐；采访人：史静、张礼敏。

三、经济来源

在部分传承人家中，笔者见到了数种账本，详细记录了历年会费的收支、出会花销的明细等。这项工作做得这么细，体现了邵公庄人公私分明、乐于奉献的文化基因。但这项工作到1999年戛然而止。

就邵公庄萃韵自立吹会来说，他们传统的"自立"的精神已经被现代市场经济消耗殆尽了。红桥区文化馆既然抓到了邵公庄这样一个典型，自然不会轻易放过，他们从保护和展示本地区文化的角度，需要一套皇会执事摆在文化馆里。于是他们向邵公庄提出了这项要求，邵公庄人自发组织起来将执事衣裳修补一番，自己出钱雇车拉到了文化馆。可是这么多东西文化馆也摆不开，光手旗就八十面，其他门旗、大纛旗、软对、硬对、八字灯牌、宫灯，以及各种各样出会的衣裳，林林总总。最后没有办法，只能展出一部分，其余放在仓库里锁着。这么一来，一道会没有了会所，没有了执事和衣裳，连人也很难聚齐了。在与时代变迁的斗争中，邵公庄人终于败下阵来。

虽然有热心的会员（如赵正琦先生）在老会无法传承的情况下，积极努力，尽力收集和整理与老会有关的信息、资料、录像等，并把遗留的器具实物暂时收管起来，但失去群众合力的现实正无情地吞噬着近二百年邵公庄人共同形成的文化信仰。相信随着人们的文化信仰逐步回归现实，邵公庄的文化信仰在下一代人的信念中会有所继承和发扬，让津沽地区这一悠久文化重新回到生活世界中。

第六章

传承人口述

一、会头姚俊岐

　　我是日本年头（抗
日战争时期）生人，据
说啊，最早我家老祖是
给邵老公看家护院的保
镖。村里的冯家是种地
的，刘家是管账的先
生，宋家是赶脚儿的，
赶马车，收庄稼的时候
收庄稼，不收庄稼的时
候驾着车出去玩儿。

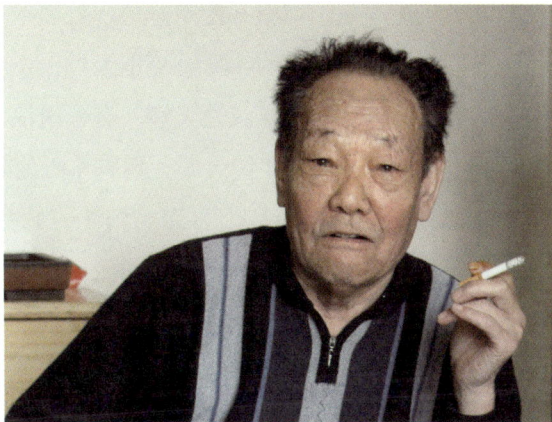

姚俊岐先生

　　这里河道多，养船的也多。我们老祖后来有弄船的。"海榔头"
（一种两头翘中间凹的海船）上大都有妈祖像。那时我们家有海榔头，
后舱跟小屋一样。老祖弄海榔头，出海必须得先给妈祖烧香、放炮，在
出海的时候心里会平稳一些，遇上海风海浪让大事化小，小事化无，打
鱼的船也都供着妈祖。妈祖像是娘娘宫画的，供的妈祖像是纸像。摆的
贡品主要是鲜货类的，那个社会上供就是上苹果为了保平安，点心带着
"福"或"喜"字。出海回来之后，逮鱼赚钱了，再有货再装船再走再

烧香。风平浪静不烧香，在船上住的天天烧香。大船上面都有小楼，那大舱十分豁亮。

我爷爷曾经是邵公庄萃韵老会的会首，是敲头锣的，负责开会和落会。我四爷会吹，是保着嘴子吹的四杆笙。我父亲也是老会中一等一的吹奏乐手，我二哥会吹奏乐器，三哥同样能演奏乐器，可以说全家都和萃韵吹会结下了不解之缘。我四岁时，就被父亲扛在肩上去看行会表演。那次是鬼会，也就是城隍庙组织的夜间行会。周围没有灯，但是人山人海，全靠老会里的灯花照亮。行会的队伍一眼望不到头，玩耍（表演者）的灯花耍得那叫一个漂亮，周围一片叫好声，慕名来看表演的大姑娘、小媳妇们连鞋子都快挤掉了。我的吹奏水平不大行，主要在法鼓队里。敲法鼓的时候我是头钹，吹奏的时候我是大锣。有一次演个"张飞骗马"、"苏秦背剑"，差点没摔着我，年纪大了，腿脚不听使唤了。

以前天津这地界儿是南方海船到北方卸货的港。比方说咱天津小刘庄的青萝卜，不辣，吃嘴里面是脆的，有一股鲜荔枝味儿，它是怎么来的？就因为那点儿地，是鲜荔枝的土。传说明朝万历年间，当时的娘娘是广西人，她每年得吃鲜亮的鲜荔枝，有位大臣就造了一艘大船，到了广西。鲜荔枝树刚发芽，就把树移到大船上来，从那儿开船，在天津结果儿。小刘庄是海口，船到小刘庄，他们在那儿下船，往北京移的时候落下土，成年累月地落土，于是这个地方的土变成鲜荔枝的土了。

我们这里以前离海比现在要近，据说到了初一、十五，有时候就出海玩会，大家闹一闹。法鼓一般在海口玩得较多，按同心法鼓来说，为嘛它的法鼓老？它在七十二屯第一屯永丰屯，再往南走都是海，现在海退到塘沽去了。南开区海关寺是海关，进出口公司是海关，进关出关都是海关，海在哪儿了？东边的金刚桥、狮子林桥，正式的海口在那儿，望海楼一低头就看见海，海在明代的时候就退海了。妈祖是咱们船户的保护神，不过我们村里很多人是供河神，不供妈祖，弄海船的才供妈祖。河神其实就是水鬼，三年之后拿替身，把人都淹死了。"河神"是官称，实际是水鬼，在水里面淹死的，淹死的人到阎王爷那儿报不了到，他得拿替身才能报到，这就是每年得拿替身的原因。我们敬重它，就是别让他在这个河道里拿替身，船风平浪静别让人掉下去，河边别掉下人，掉下去还有救，能救回来。敬河神就是七月十五盂兰会放河子灯，让水鬼别拿替身，一人给你一盏灯顶着，去阎王爷那儿报到能投胎。平时谁没事鼓捣着会玩儿？家里吃嘛喝嘛？每年七月十五盂兰会，我们邵公庄设摆是天津市很郑重的事情，摆盂兰盆会的时候，天津市警察厅厅长杨以德来过这儿，军阀时期是厅长主事儿，当时杨以德带着两支马队，沿着河边用马围着人，防止人掉下去，两边好热闹。

民国28年，天津市闹大水，民国30年我们放的河子灯，庆祝大水没淹北边的村庄，我们邵公庄接大王。民国28年的时候，水突然间来了，南洼当天夜间就开口子了，南市和百货大楼都挺了一人深的水，我们北洼拿船去那边救人，人都在房上待着，我们北洼有船，把人救到北洼来。那年我才四岁，这是听老人说的，但是我也有点小时候的影儿（印象）。水一来啊，御河两边打岸，水看着比两岸鼓一块儿。忽然间来了一个小长虫，七寸，花的，在河里头当中间一凫。人家对河老公所也接大王，我们公所也接大王，都在河边铺着黄钱，就是黄色儿的烧纸，念叨着"大王请过来"，哗……这小大王就奔咱邵公庄来了，就趴在咱们的黄钱上，咱们就捧着铜锣接公所去了。有俩扶乩童子，扶着一个锣，锣上有一根针，底下铺着麸子，锣就动了，写出来字，嘛字？"别心慌，别惊慌，浑水不淹邵公庄"，当天夜里南洼就开口子了，水淹南洼，北边就没事儿了，淹的是哪儿啊，南市和百货大楼，都是一人多深的水。百货大楼、南市的老房子有记载（痕迹），一米三高的水，到窗户下，水印都没下去。

我们过年的时候可热闹了，别看穷，过得比富的还热闹，没有我们不贴的东西。比如贴门神，有两种信仰：有一种信仰判子（判官），有一种信仰秦琼。左门神秦琼，右门神敬德。我们过年的时候是按古代（传统）过年：第一，请佛龛。每年的佛得换一回，今年完事明年又得换一个新的搁那儿，不能说"换"得说"请"佛龛，灶王爷像、佛龛都得换。第二，贴大红门对儿，家家挂红灯，也就是大红灯笼。别看那个年月没有电灯，但是照的满街通亮，没有家里大门不挂灯笼的。各种灯笼都有，我的灯福光满招，那边的灯是金玉满堂，灯笼得比，你灯笼多大我灯笼多大，这都得比。而且字儿有名人写的，有不是名人写的，对子也一样，家家门上贴大红对子。

我们都是贴杨柳青的年画。杨柳青的年画历史不长，但是全国都有，杨柳青真正出年画的地方是"鲶鱼嘴儿"，那个地界儿属杨柳青管，杨柳青以南大多数家里都有木版，是拿木头刻的木版画。买年画、请门神、请佛龛、请灶王爷、请财神爷都上娘娘宫，那是最繁华的地界儿。灶王爷二十三上天，财神爷是大年初二，三十摆上（供品），大年初二进完财进完水财神爷就升了，实际"升"就是烧了。灶王爷也是木版年画，在木版上印的。平常日子敬灶王爷是一杯清茶，每天早晨起来沏一杯清茶水。灶王爷管的是每天开灶不开灶，有饭就得烧锅，一烧锅点上了，灶王爷就放心了。腊月二十三灶王爷上天，这个讲究就多了，得买草料，给灶王爷喂马。草料就不多点儿，搁灶王爷那儿让马吃了，马吃完好带着灶王爷上天啊。糖瓜就是用糖稀做的小瓜和小元宝，各种各样蘸上芝麻给灶王爷上供。到二十三的晚上，灶王爷该走了，把糖瓜拿火撩黏了，把灶王爷嘴儿粘上。为嘛要粘上？就是上天言好词，回宫见吉祥，好话你多说，不好的话别说，把你嘴粘上，意思是这一年给我汇报好点，别瞎说，这时候灶王爷就走了。大年三十灶王爷又回来了，回来之后佛龛买来了，得给他供上，说是灶王爷回来，实际又买了一个搁那儿，所以在大年三十那天上供有供果，像小八件儿、茯苓糕、槽子糕、各种各样的芝麻糕等。富有富办，穷有穷办，各有各办，都属于心情，有钱的花一斗不算多，没钱的花一分也不少，就是这么个意思。我有钱花一斗金也不算多，因为你有钱。我没钱，我花一分也不算少，不能用钱来衡量，得用心，我有那种心。现在谁家还祭灶？没有灶王爷了还祭嘛灶？佛龛也不请了，家里有菩萨，敬敬菩萨就完了，我初一和十五在家里上上供、烧烧香。初一烧完香上完供，初二菩萨又盖上了，天天受香火行，初一、十五就是逢年过节，年下打开（佛龛）了。我家这菩萨是从娘娘宫请的，娘娘宫那儿有的是卖菩萨的，在那儿坐着，连佛龛都有，买一个！花钱买吧！然后把它抱到娘娘宫里头，娘娘宫有"理事"，让理事开了光，就证明是菩萨了，不开光是瓷的，开完光之后，迷信讲话等于显灵显圣了。有的人上大悲院开光，有的在文化宫开光，不一样。我们家这菩萨请来年头太多了，到我们这儿都五十来年了。我那大小子53岁了，打没养活他就请来的菩萨，等于我一结婚就请菩萨，一直供着，保佑家平安，要是出远门给菩萨磕个头，念叨念叨"菩萨保佑，我出远门，一路您保佑我平安。"出去来回都是平安，遇不到嘛事。初一、十五的时候烧香，其他的时间不上香，咱们撩开（神龛的布帘）上香，摆上供果，磕头。过年的时候呢，一个月，从大年三十直到二月初二，天天如此。再就是菩萨生日，我什么时候请来的，什么时候是生日，到那天我必须上供。给菩萨过生日就是摆上各种各样的供果，菩萨爱莲花，寻来莲花摆上，之后给菩萨磕头，然后大伙吃捞面。

过年的时候还要祭财神，就是大年三十把财神爷请来了，挂那儿给财神爷磕头上香，门口搁着一把柴火和一桶水，炮响完了，三十过去了，初一给财神爷上香，大年初二进财进水，把门口的水和柴火拿屋里来了，那阵开市的就来了，开市就是到你家给你开市，他说点吉祥话，咱们给点钱。一般什么样的人开市呢？就是"全人"，有儿、有女、有儿媳妇的老头，一般都是这样，全人给开市，一进门就喊上："开市的来是大发财，您手是越花越有；开市的炕头坐，金垛银垛；开市的走，全家有。"给你说点吉祥话，给他俩钱，这就是开市了，之后就升财神爷，把财神爷升天去了，实际就是烧了。每家每户都要开，到初二开市就不忌人了，初一忌女不忌男，男孩行，女孩不能进来。初一得拜年，小男孩拜年行，小女孩不行，小女孩得初二开完市才能进来了。大年三十，一般的小孩都出去打灯笼，小女孩不出去，小女孩得穿着红。因为"年"啊，"年"专门吃小女孩，为嘛叫"年"？"年"的历史可远去了，开天立世先有"年"后有国家。穿红就可以辟邪，一穿红"年"就跑了，三十那天把它吓跑了，因为过年了，家家有灯，家家穿红，"年"就跑了，打那会儿不敢来了，所以每年要穿红。现在小孩不讲究穿红的，都是休闲的衣裳了，那个社会一穿这个衣裳人家都笑话你，你这是嘛玩意，这个社会都讲究穿休闲，给他来红布红袄他穿不了，都属于传说，实际上有没有谁都不知道。

　　现在不这样做了，我的父母都是这样做的，到我这辈就完了，解放了。人的脑袋必须得快，跟得上社会的潮流。刚一解放的时候改造世界观，破除迷信，供好好的佛爷给撕了或烧了，家里好好的大娃娃给摔了。可后来一想是对的，天天弄那个干嘛，又烧香又上供，又给吃又给喝，这就是一个社会一种生活方式方法，迷信的生活方式方法就是这个东西，现在为什么还供着菩萨？有菩萨保佑我的家庭风平浪静，没有别的事，孩子不惹祸，大人在外面出门赚钱，风平浪静，没有在外面出过事，这都属于菩萨保佑。菩萨在哪儿我不知道，不过就是思想观念，信则有，不信则无。我有养老金，每个月500元。生活上主要还是靠孩子。

我有三个儿子，一个女儿。我们老两口现在就指望着孩子。我们这医疗保险跟上班的人不一样，我们就一个小医院门诊部可以看。所以孩子多孝顺，这就是福。

二、赵家兄弟

1. 赵正錾

我叫赵正錾，今年（2013年）71周岁，1942年三月二十二出生于邵公庄，从小就在邵公庄长大，对这里的环境比较熟悉。

笔者在赵正錾、赵正琦家做访谈

我有一个伯祖母，就是我父亲的伯母，1956年84岁死的。我父亲叫赵松年，读过私塾五年，庄子里都叫他"赵先生"，北洋火柴厂时就在那里当工人，1936年前后吧，到后来闹工潮，他当过工人代表，1949年5月份改的"中华火柴厂"。我母亲叫李树贤，1916年生人，上学不多，粗通文字，家庭妇女。我有三个弟弟一个妹妹，二弟赵正华是南开区副食品公司的科级干部，三弟赵正国在城南供电局，四弟赵正琦，妹妹叫赵正儒，在天津市灯具厂工作，退休工人。赵正琦明年退休。我们都给会里捐过钱，就赵正琦会点乐器，在会里能打钹，三弦、二胡、扬琴也还行。我的孩子叫赵大谦，他在会里"拍铬子"，就是打镲铬儿。我孙子叫赵钒博，在实验中学上高二。

1949年秋季，我在四文小学上的学，1950年就转到八区十六小学，在皇姑庵。当时红桥区分两个区，以南运河为界，河南边叫八区，河北边叫九区。到了三年级，学校改名了，叫八区十八小学，就三个老师，一个王校长，一个刘先生，一个赵先生。这王校长，教二、四、六年级的语文，刘先生教一、三、五年级的语文，赵先生教所有年级的数学，还负责体育，就是跑步、跳绳。就这两门课，都是用石板石笔。我感兴趣的课就是代数，数学。放了学以后就帮我妈妈糊火柴盒，"中华"火柴厂的，糊一千个，给三毛五，后来贴号的那种安全火柴，四毛六。

1955年我小学毕业，上了天津第四十中学，就是现在的民族中学。1958年参加工作，在造纸一厂。我在那儿还算是有文化的。1962年我调到造纸四厂，一直到1996年退休，上了三十八年班。我老伴2007年9月29号去世了，她是从玻璃纤维厂退休的。我是1962年入的团，1976年入的党，当过组长、班长，后来调到车间办公室，当生产计划统计员，也当过安全纪律员、工会副主席。现在我有退休金，2085元，造纸四厂给发。我到现在还交着党费呢，谁说嘛我也不信，我就相信共产党。因为嘛呢，共产党让我们家翻了身啊！要不是日本鬼儿进中国啊，我们家穷不到那样儿，穷得要命。后来共产党打下江山，我们才好了。

从十一届三中全会以后，1983年吧，开始筹备恢复老会，我才加入的，1984年基本完成，后来又补充了执事上的东西，都是大伙儿凑钱。我记得最多的是给了40块钱，最少的给5块钱。我记得一个是姚俊岐，一个是陈宝石，各给了40块钱。他们俩都干买卖，个体户。比方说姚俊岐卖瓜果、海鲜。当时筹备的主要是乐器，从天津锣厂买的。当时那个嘴子是王秉仁做的，解放前他跟冯金路冯老爷学的，当时是五十多岁，就他一个人会做。那时候冯老爷还在世，但是已经吹不动了。还有一个郭修元，也会吹嘴子，他可能是跟冯五爷学的。冯五爷是冯老爷的叔叔。执事是请两个外地雕刻木匠做的，一个五十多岁，一个三十多岁，管吃管住，他俩给做的灯牌、软硬对；也有外加工的，找西南角电线杆子胡同的工匠，做了两对茶炊子、一个鼓箱子。最后油漆是龚五爷上的，大漆。到了香港回归那年，才正式聚齐了，角灯、坛儿灯，都齐了，设摆了四五天。后来澳门回归又设摆了一次。这个乐器还要特别提醒一点，邵公庄吹会有名，有名在一个人身上，这个人叫王凤林，他点笙点得好，天津的"笙王"，在邵公庄住。他祖父是第一代"笙王"，王凤林是第三代了，他们祖籍是河北景县。邵公庄的吹会哪儿都比不了，就是因为这个笙，特别好。后来他儿子又继承父业，到了20世纪80年代，是他第五代孙了[1]。用蜡跟铜锈，研磨到一块儿，点笙。这王凤林还做笙，他做的笙在天津是独一无二的，特别是音高，比别的笙高一个调，别人干不了。从1984年国庆节开始，红桥区政府组织"文艺宣传队"在西沽公园、红桥体育场等地方演出，后来还给个锦旗。

当时邵公庄有个西刘家胡同，因为平津战役，那房子挡着，不好打炮，就被国民党的部队给拆了。国民党往外打，共产党往里打。到了一解放，那房子都给打没了，公所啊，都给打没了，好些住家的门户也都给拆了，这个地方是前线。解放以后再表演，我们的法鼓就没了，到西藏和平解放的时候，半夜三点钟，邵公庄派出所来的信儿，说西藏和平解放了，我们出过一次会，围着居民区走了一圈，那法鼓队就都是破东西了，一件好的都没了，鼓是借的。"文化大革命"时连破的也都给抄走了，我们就彻底没法鼓了。

吹笙最好的是章六爷，老辈子的事儿，我没赶上。我赶上的是刘振青刘大爷，他也是吹得好的。姚四爷吹笙也特别好，是大清国时候的人。他儿子姚恩林、姚恩林的儿子姚俊山、姚俊岭吹笙，他们的侄子姚嘉全、姚嘉瑞、姚嘉山，都吹笙，他们家出了至少四辈吹笙吹得好的。还有一个好笛儿，叫姚恩庆，他儿子姚俊岐，也吹笛儿，他们家的笛儿特别名。还有姚俊友，武场上也都会，能打钹镲，姚俊岐可能还会打大锣。还有一个姚嘉赞，也会打大锣也会吹嘴子。解放前吹笙好的人太多，像姚四爷那都上不了头把，得章六爷。其他像吹笙的李群李二爷、

---

1. 《红桥文史资料选辑（第二辑）》一书有详细记载。

刘振钧刘四爷，吹笛子的孔繁瑞，都稍差点。孔繁瑞吹笛子就比不过姚俊岐。吹笛子的还有孙恩华，当时也不大行，后来算是好的了。新一代的赵凤力，郑发之、郑发友兄弟，吹笙吹笛儿也还行。吹嘴子的人，现在活着的还能吹的，也就姚嘉赞了，还有姚嘉诏。

我不会打也不会吹，我负责记账，这些账本就是我写的。当时制那些器具，软硬对儿、灯牌子上的词儿，都是我写的。硬对儿上呢，写的是"竹笙庆国恩，金鼓祝升平""吹奏古往今来事，敲打迎福绵寿音"。

在早先吧，就是在出会的时候，敛点钱嘛的，各家敛钱，那时候我们还小，解放前嘛。解放战争时候，邵公庄那地方，就是前线，打没了，都烧了。人都逃难了，能逃的就逃，不能逃的就挖地洞，在地洞里藏着。咱这个土质还不错，沙土胶土地儿，御河附近嘛，我们就在河边住。

从历史上说，这个庄子为嘛叫邵公庄呢，他是一个姓邵的"老公"（太监），跑马占圈的时候，圈的这块地，所以这个名字就叫邵公庄。这个地呢，他自己也不种，他一个"老公"他要地干嘛，就送给一个冯状元。所以这个邵公庄呢，打大丰桥那儿有一个石碑，西站一个石碑，西横堤北头一个石碑、河边一个石碑，这四个石碑是咱的地界。冯家是"余庆堂"，倪家是"倪元堂"，冯倪两姓，都有这么四块石碑，是地界。这个邵公庄呢，有了庄子你得有人呐，地得有人种啊，就慢慢地来人，就等于都是移民，移到邵公庄。具体从哪移的，这个不好说。因为祖上使船，姓刘的姓冯的比较多，"冯家刘家一大片，宋家一条线"，宋家一个胡同，"姚家两个院"，两个大院。这庄子也就成立了几百年吧。这个邵老公呢，也就是明朝的，要不就是清朝初年，要不就是明朝末年，就是这么个情况。

以前这个邵公庄还有个名字，叫"海棠村"，种海棠。邵老公啊，在这个河边上，御河水不是好嘛，种过海棠。这是邵老公还在着的时候。

　　萃韵这个会呢，是道光二十二年（1842）农历七月十五起的会，这个很确切。因为过去的人呢，特别重视这个中元节。因为这个邵公庄靠河边，这个河里头，难免有淹死的人，这是其一。第二呢，这个邵公庄以前没有这些吹的打的，有事的时候就得请，可是河那边一个价钱，河这边一个价钱，一过河，双倍的钱。就是南运河。南运河南边的人，念一个经，比如说十块钱，到了河北就要二十。这边是邵公庄，那边是永丰屯，在西码头那儿，我们隔着一条河，隔河相望。所以邵公庄的祖辈人呢，就说咱们有冬闲呐，农民有冬闲啊，地都铲光了，没事了，有的就出去做小买卖，有的就在家守堆儿，咱们也练练吹不好吗？大伙儿就开始练。冯家的祖先叫"老憨爷"，具体叫嘛名字，说不清了。老憨爷就组织起来，人们就开始练习吹笙啊，吹管儿啊，吹笛儿啊，有嘛事就不用请人了。村里就是义务性的了，本庄子的事就给吹吹。为嘛七月十五呢，因为这个时候经常有横死的。我们西边有个张家树林，也属邵公庄管，经常吊死人，河里经常淹死人。怎么办呢，到七月十五中元节放河灯，放河灯怎么放呢？就得吹着放。不能就那么（安安静静地）放了就完了。就得吹各种曲子，以佛曲为主。这是刚开始的时候。

　　后来呢，这个事就传给他（老憨爷的）一个儿子一个侄子，这两个人就又开始组织。这两个人呢，一个叫冯永发，一个叫冯永顺，哪个是儿子就不知道了。传下来以后呢，就比较正规了，吹也好打也好，这些曲子也就比较全面了，同时呢，也开始吹点戏曲跟小曲儿，主要就是河北梆子。吹这个就不拿管子吹了，而是拿那个"洼引"吹。这个洼引，我们俗称就是"嘴子"。你看过管子上那个嘴儿了吗？跟那个意思大概齐，接近。做这个嘴子呢，我们不外传，每一辈儿也就一两个人做，每次也就做两三个，按那个D调啊，C调啊，F调，不多做。那年七月十五呢，就正式成立了会了，形成规模了。这个规模呢，要十二传笙，八管笛儿，那阵儿还是管子了，还不是笛儿，最初就一个管子。也配上锣鼓响器。那时候具体什么鼓什么锣，我不知道，据说那时候有云锣，有鼓。后来这管子就换成了洼引，一换洼引就吹戏了，也吹戏也吹曲儿，就不是单一的佛曲了。后来锣鼓也固定了，就跟那个京剧场面一样，也有文武场。到了同治年间，改的吹京剧，后来二百来年，就主要是吹京剧。因为同治年间啊，刚兴京剧，这个京剧啊太少了。邵公庄是请的宫北教法鼓的杨六爷，宫北宫音法鼓的会头。出会你不得有行会的家伙吗？一人抱着个笙那哪行去？得响啊，就拿那个法鼓引路，法鼓是前行。法鼓前行你也得知道嘛点儿啊，一开始是受前园大觉庵的影响，后来就是宫音法鼓。咱天津第一拔法鼓得算大觉庵，是从庙里传出来的，属于法器。邵公庄吹会正式成气候，就是在同治年间。全称呢，就是"邵公庄萃韵自立老音乐"，过去没有"会"字，后来八几年改的。

冯永发、冯永顺老了以后呢，又出来李云鹏李三爷，组织这个；他又老了以后呢，又有姚双全姚二爷，这是第四代；之后又是谁呢，刘恩藻刘六爷；再往后是冯文贵（冯三爷），是老憨爷的后辈。到这儿就解放了。这些人的出生年代都不好查了。我妈妈是这李三爷的孙女，她是1916年生人，她爷爷呢？我还有大舅二舅，好些姨。会头要留胡子，像咱们这些光脸儿的，当不了会头，得有胡子，穿大衣裳。会头是大伙儿选的，你们家得拿得出钱来，还得有工夫，你要是参加劳动了，你就是有闲钱也没有闲工夫。还得有群众威望，还得有点文化。过去也是没文化不行，因为你这一写大黄报，多会儿要出会，比如说我吧送十个老钱，你呢比我富裕，送十五个。大伙儿一块凑钱，要不怎么叫"自立"呢，多穷就是有一个老钱也送去。我们不要外人的东西。过去截会啊，让你吹一段儿，那儿摆点心，拿板凳一横，你走不了了。哗——摆十斤点心，一块也不动人家的，自己挑着，自个儿有。有茶笼、茶水，有点心挑子，自个儿挑着。多穷，出去不能穷，"穷家富路"嘛。在村里多穷没事，出去不能穷。一出会了，会员都得穿上大衣裳，不能穿小衣裳。自个儿穿自个儿的，家里实在没有，就借。比如咱俩个头差不多，你趁仨大褂，我一个也没有，你就借我一件吧。就这样。

行会的时候，是两个大长条桌，搁笙搁笛儿，前头是武场，大鼓、钹、镲、大锣、小锣。主要是排的执事，头里是一对门旗，后面两对高照，再后边是八个灯牌，一边四个，后边是一副软对一副硬对，后边就是两对茶炊子，还有点心箱子、茶筲各一对，一根扁担挑两个，这算一对，共四对，都要挑着走。白天行会的时候后面其实还有好几个花筐，挑着角质灯，晚上设摆的时候要点上灯，扎上大棚，灯在两边，高照嘛的就都点着了。这花筐起码得有四个，这灯得有32个到40个。有时候晚上行会，这些灯也得点上，走在队伍两边。这角质灯是用羊犄角（融化后）吹的，半透明，也有用牛角做的，性质一样；底下的托儿是铜的，上面有梁子，梁子上面有个环，再有个竹片，带钩的，灯挑儿，挑着这灯，里面点蜡烛。

再往后是万民伞，居中。万民伞再往后就是法鼓了，一边是铙一边是钹。从后往前走的话，右边是钹，左边是铙。再后边就是鼓箱子，居中，旁边配着铛铛、镲铬，跟法鼓的摆设是一样的。再后边就是吹会了，吹会这些人就抱着笙啊笛儿啊，两列。有的时候，这个吹的人，（法鼓里）打的也是他，怎么办呢？就是行会的时候，他就抱着铙抱着钹敲，坐吹的时候呢再穿上大褂坐着吹，一个人两用。设摆的时候就是坐着吹，笙应该是十二传，笛子应该是八管，但始终没凑齐。标准是那样，但根本就没配齐过，几个人也能吹。你看那姚五爷吧，吹笛儿，他坐尽头儿上，撂下笛子就敲小锣。

解放后的设摆，是鼓箱子在当中间，鼓箱子后面是一杆督旗（纛旗）。解放前我们没有督旗，是"图灯"，像塔那样儿，顶上一个，中间俩，再下面四个，那样的，插上蜡烛。后来没地方弄这图灯，就改成了督旗。督旗两边呢，是硬对软对；再往两边是茶炊子，一边一对；再竖过来，就是点心挑子、茶筲各一对，一边是四块灯牌；再横过去，是一边两个高照；鼓箱子前头是万民伞。基本就这意思。设摆的时候，那两个长条桌就用来坐吹。门旗在大棚的外边，门口，再两边就是手旗了，随便摆了，但是都在棚的前面。这手旗还有一个作用，就是白天行会的时候，手旗在两边，维护队伍往前走，维持秩序。晚上设摆时候要用角灯，比如鼓箱子的四个角上，茶炊子上用四盏坛儿灯，一对儿茶炊子就用八个坛儿灯，茶筲上有手旗，插在梁子上，一头一个。

你算这得用多少人吧，人少了根本没法出这会。他们法鼓出会就一套人马，咱这会就相当于是两套。比如西码头吧，十个角色，都是固定的，再加几个人维持，他们不出执事也能出会，但是邵公庄不出执事就出不了会，一人抱杆笙算干嘛的？所以就得有前行，有前行就得出执事，出执事就得用人。一个手旗就得一个人，你算算这得多少人？解放前村里有千数来人，好几大户哩，都得参加。

这理教呢，叫作"在理儿"，不让你抽烟，不让你喝酒，不许吃五大荤，就是不许吃牛肉、雁肉、黑鱼肉、狗肉等，要与人为善，要孝亲，要供奉观世音菩萨，人一见面打招呼呢，说"平安即是福"（同时单掌立起于胸前）。他们还管嘛呢，比如说谁家男人死了，女人不嫁人了，没法生活，就可以到老公所去讨那个票，拿着这个票，就可以去某某店里取几十斤棒子面，依靠大家主捐赠。这总坛呢，就在我们南运河南岸，"理教经会五方总坛施财抬埋公善总社西老公所"，俗称就是"西老公所"或者"公善"，这是总坛，行坛是哪儿都有。有当家师傅，不结婚，传道，传五句箴言，这五字箴言就是"观世音菩萨"这五个字，遇到困难了，你就念"观世音菩萨"。传的时候是五句箴言。"开理儿不开道"，就是说你可以开理儿，可以抽烟喝酒，但是这五句箴言不许说出来。像我这年龄的就不知道，再大点，在"童子理儿"的，他们有些就知道，有些就不记得了，年龄太小。在理儿的仪式就是磕头，年龄多大都行，但是要赶上总坛这当家的到你行坛这儿来了才行，树坛的时候就能加入，行坛的不能传。尹来凤尹老仙师，羊来如羊老祖度八方，当时度的他，他来天津传的教，他上面就是羊祖。羊祖为了度全国的人，就到处找在各地设总坛的人，后来他到了天津，他师傅就告诉他，有个红脸大汉，挑着日月，这人就能传。结果呢，他走遍天津市，也没找到这个肩担日月的人，到了福寿宫啊，他在那儿歇会儿，就过来一个小伙子，挑着一个挑儿，两个大圆笼，也在那儿歇会儿。羊祖就问，你圆笼里挑的是嘛？小伙子就掀开让他看看，就打开了。里面是红粉皮儿，叠着，一叠不就是半圆了吗，还有白疙瘩，是圆的，哦！这白的就是日头，这红的就是月亮。羊祖就说啊，就你了，就把理教传给他，让他在天津盖的楼盖的公所嘛的，就开始传了。尹来儒呢，就是尹祖大帝了，不过没有像。到了1958年起坟，给他把坟起到北仓公墓去了。那阵儿还信仰自由呢，还没"文化大革命"呢，这些在理儿的人呢，就要求尹祖的棺木不见天，怎么办呢，就带着土往外刨，拿那个三脚架，用倒链往上导，带着土，吹了三天大乐。解放前，邵公庄大部分人都在理儿，也有少部分不信的。比如说七月十五放河灯，光吃饭，不喝酒。后来公所也烧了，人心也就散了，很多人也就开了理儿了，也抽烟了也喝酒了。

这（放）河灯的仪式呢，就是在河堤上扎个小棚，在里面敲法鼓，河堤下边扎大棚，在里面设摆；河里有船，有"梆摇儿"，就是小一点的船；"对漕子"是大船，两节的，现在在运河上还能看到，漕船。放灯的时候基本在晚上九点钟。该吹的就吹，该敲的就敲。提前好些天，就做"泥葫儿"，竹葫子的那个"葫"，就是小泥碗儿啊，晾干。拿纸叠成灯，用桐油油了，把泥葫儿放在里面，倒上豆油，插上棉花线的灯捻儿，点着了，放在河里，顺着河水就漂走了。有桐油，泥葫儿又小，所以不沉底。一次得做上千个，最远一直能漂到赵家场摆渡口。在河中间把梆漦儿横过来，下锚，再拿"点字"（一端带尖刺的竹篙，尖刺后又带钩的则叫"挽子"）插到河堤上撑着，船就在河里固定住了，就可着劲儿往河里放灯。不能在河边放，在河边的话很快就被水冲上岸了，漂不远。放河灯就我们邵公庄放，解放前每年都放，解放后破除迷信，就不放了。现在都没人会叠了。

那时候吹嘴子最好的，是宋四爷，咱都没赶上，宋四爷宋振东，还有冯五爷。这吹嘴子就像京剧里的那个演员，其他的乐器是伴奏。为嘛我们这老生戏特别多呢，就是为了适合吹嘴子的表现。也有青衣戏，比如《女起解》，就得用不同的嘴子。这嘴子也是分几种音。

放河灯的时间，大约要一个多小时。

解放后，邵公庄吹会就改成"东升文工团"了，新人新文化。当时在南市有一个电台，给我们录过音，录了两段，一段《借东风》，一段《女起解》，大概是1952年。后来就不吹京剧了，吹新的革命歌曲。

我知道的这些事情，都是姚恩林给我讲的。赵文华后面就是姚恩林。1997年香港回归，当地政府组织我们出会，后来我们那些东西也不知道哪儿去了。

会头没有任职时间的限制，只要活着，能干，就行。基本都是死了完，才换人。一是有威望，二是你得懂，也有个传承。

2. 赵正琦

赵正鋆是我哥哥。我1954年生人，是我们家兄妹里最小的。我是

1962年上小学，叫渔市小学，实际上我哥哥姐姐们都是在这个小学上的学，只是改了名字，一直都是在那个庙里，当时还没拆呢，现在的弘丽园一带。筒子瓦，大殿隔开，这边一个教室，这边另一个教室，中间是老师的预备室。西配殿一个教室，东配殿一个教室，后殿还有一个教室，后来在侧面又盖了三间教室。当时一个年级得五个班。我们这代人正值生育高峰，学生挺多。课程有体育，有唱歌，语文，算术，上到四年级就开始"停课闹革命"了。上中学学的俄语，学了一年多，又改了英语。上初中是1968年，实际上我们七一届是跟七零届一块儿的，一锅端，一块儿进的中学，到1974年才毕业，那时候叫"四年一贯制"。其实六八年到七零年根本没上学，闹革命。那时候小，也闹不了啥，就是学工学农，带个像章发传单。后来我上的技校，天津市一轻技校，学的车工。当时就是"保送"，也没考的概念。1974年9月4号正式参加工作。我入团是在1970年。当时我常参加文体活动，我体育比较好，比较擅长立定跳远、110米栏、篮球，是班里的组织委员、宣传委员、体育委员，都干过。后来在厂里表现也好，还获得过先进。我们那个厂是解放前日本的度量衡厂改的，厂里的人员很复杂，不少员工就是日伪时期的工人。再后来恢复高考，我上了一年半的夜大，因为倒班问题被迫辍学，但是当时学了那些工业制造的知识，对后来的工作还是很有帮助的。1995年吧，单位也不行了，我就从单位出来了，自己干，搞过自行车，后来又自己成立一个机电门市部，后来发展成机械厂，给一些大厂供应配件。再后来这些大厂也黄了，我也不干了，从2001年起就开始在红桥区做市容整修的工程。

我也经常参加区街和政协组织的各种文化活动，网上还有我的一段介绍，《今晚报》等报刊业刊载了一些（有关）我的报道，主要是摄影展。我爱好民间文化，所以收集了不少文史书籍，还有不少小物件儿。另外在邵公庄萃韵老会申遗的过程中，我受区文化馆和街道办事处的委托，在老会长的帮助下，为了把邵公庄的存项尽量保存和记录下来，曾用几个月时间走访，收集各种信息资料，并根据原始记录的文字、影像、照片和访谈，梳理清楚了老会的起源和演变（情况）。通过系统的考证和汇编，向红桥区非物质文化遗产办公室提供了全部申遗材料，并得到了专家及同行们的认可，也算为邵公庄的父老乡亲们做一件好事吧。

西码头那块儿，为什么弄高跷呢，他们那儿有码头，就有扛大个儿的，卸船的。他们腿底下功夫都好。到河这边儿呢，就是种花的、种菜的，别看他们腿底下功夫不行，但是有淡季（冬闲）。所以隔着一条河，俩风格儿。他们那头儿呢，是御河文化，是脚行；咱们这头儿呢，是农村，原生态的东西。

附录一
邵公庄萃韵自立吹会传承谱系

第一代会头	老憨爷
第二代会头	冯永发、冯永顺
第三代会头	李云鹏（李三爷）
第四代会头	姚双全（姚二爷）
第五代会头	刘恩藻（刘六爷）
第六代会头	冯文贵（冯三爷）
第七代会头	姚俊岐、赵正銎

附录二
邵公庄萃韵自立吹会器具遗存登记表

器具名称	数量	存放地点
洼引	2个	赵正琦家中
"萃韵复鸣"匾	1块	红桥区文化馆
法鼓（含鼓箱）	1套	红桥区文化馆
茶炊子	1对	红桥区文化馆
糕点盒子	1对	红桥区文化馆
笙	3传	红桥区文化馆
钹	1副	红桥区文化馆
铙	1副	红桥区文化馆
铛铛	2个	红桥区文化馆
锣	1面	红桥区文化馆

附录三

邵公庄萃韵自立吹会方言称谓

1. 混混儿：这个词是从"会见会"来的，以前会与会容易产生冲突，叫"会会儿"，后来演变成"混混儿"，指旧社会称霸一方的地痞流氓。

2. 惹惹儿：也称"喏喏"，指不办正事、起哄瞎闹之人。

3. 耍："会里都是一帮耍"，指打打闹闹、不正经干事的人。

4. 爷：老天津人对对方的尊称，会与会之间拜会的时候，会头互相作揖敬拜的时候，互称"爷"。

5. 红眼、白眼：天津人称自己的孙子为红眼儿，称自己的外孙为白眼儿。

6. 脚行：旧时搬运行业，由一个脚行头和一些脚夫组成，由脚行头负责管理并从中剥削渔利。

7. 退海地：老天津人对狮子林桥以外土地的称呼，在老天津传说中这片土地原来是海，海退了才有住家。

8. 撂一场：指法鼓表演一番，敲一通。

9. 赶洋："赶洋"这个词是从"赶毛"演变而来的。早些年，天津人里做西洋人生意的商人被叫做"赶毛儿的"。但在这里指的是开小门脸做生意的人。

10. 瞎就和：瞎凑合，不认认真真干事情。

11. 干嘛吆喝嘛：干一样是一样，认认真真地干。

12. 比吡了：比怕了。

13. 死倒儿：指来历不明的尸体。

14. 河灯：盂兰盆节的一种仪式用具，在刷了桐油的纸船中放入小泥碗盛的菜油灯，放入河中，以此安抚水中横死之人，保佑一方平安。

15. 海梭子：一种两头翘起，形如梭子的海船，老天津出海打渔、运

货多使用这种船。在出海前要祭拜妈祖娘娘，是皇会体系中非常
重要的仪式。

16.家伙什：会里所有的设摆器具和表演器具，俗称家伙什。

17.憨：大的意思。

18.玩会儿：就是成立、操持一伙儿会。

19.贼：买会里的演奏乐器的时候，声音不能贼，就是说声音不能特
别脆，特别高。

20.点：在会里学法鼓，要先学会记点，"点"指的是会里所有的曲
谱。目前只有六套曲牌有曲谱，其他点都没有曲谱。

21.白烧子：白色纸钱。过去认为白色纸钱是烧给鬼的，不吉利，黄
色纸钱是烧给神的。

后记

　　本书是冯骥才先生所做的"天津皇会"文化档案与遗产保护研究的组成部分。天津皇会是华北地区香会传统中最令人瞩目的，这源于天津得天独厚的地理位置和文化传统。天津滨海，以水为生者众；又紧邻京城，为天子渡海之处，官文化底蕴深厚；而长期以来俗文化在天津的生长，使市井气、贫气与急公好义、热情实在一起成为了天津人民的区域性格组成部分。近海，所以多海的传说，所以信妈祖娘娘；临近北京，所以官味儿很足，且对封建统治者建构的一套泰山封禅的神仙体系也很热衷；急公好义、出入市井，才能把规模庞大的皇会搞得有声有色。

　　邵公庄翠韵自立吹会是皇会中比较独特的一道会。在它的身上，体现出了区域文化的丰富多彩。它取自佛乐班子，后又吸收了河北梆子和京、评剧等元素，在吹会又诞生了洼引这样的表现形式，同时也吸收了法鼓艺术，还和民间宗教在理教有关，可见民间文化的相互影响和传播是多么复杂。

　　建国之后政治运动频仍，民间文化被反复碾压，致使根基不存，现在能见到的皇会，不及全盛时之十一，而这其中可以演出的，仍然在自己的社区发挥作用的，更是少之又少。这无疑是一件让人遗憾的事。作为文化工作者，我们能做的，就是为老会留一份档案，留一份可供凭吊的文字记录。

　　这份档案也是关于口述史方法的研究计划的一部分，是非物质文化遗产的相关保护思想和历史学的新兴研究方法之间的嫁接，试图从传承人的口述中钩沉一些往事，权作资料，以待来人。

　　本书得益于天津大学冯骥才文学艺术研究院多位同仁的通力合作，同样也得益于邵公庄老会姚俊岐先生、赵正銎先生、赵正琦先生的大力支持。特别是赵正琦先生，赵先生热爱历史，尤其对红桥区的历史演变，如数家珍。在他的帮助下，笔者得以阅览了一些难得一见的文史资料，对虹桥地区的文化有了更立体、更直观的了解。感谢赵正琦先生于工作之余用数天时间审校书稿，字斟句酌，修正了许多讹误之处，也让笔者受益良多。

在本书的前期田野调查中，冯骥才文学艺术研究院的史静老师发挥了重要作用，不仅帮助笔者多方联系老会会头、会员，亲自参加口述史访谈工作，更为笔者提供了大量有价值的访谈意见、工作思路和文献资料。在本书的撰写过程中，史静老师、郭平老师等同仁多次审读书稿，并提出建设性意见和修改建议。天津市红桥区文化馆的有关领导、工作人员也为笔者的调查拍摄提供了必要的支持。在此一并致谢！因为时间有限，调查亦不够深入，本书的内容难免存在疏漏和谬误之处，敬请老会会员和广大读者谅解，并恳望不吝赐教，以便该书再版时得以完善、改正。

2014年5月21日

于天津大学冯骥才文学艺术研究院

图书在版编目（CIP）数据

邵公庄萃韵自立吹会/张彰，张礼敏著. —济
南：山东教育出版社，2014
（天津皇会文化遗产档案/冯骥才主编）
ISBN 978-7-5328-8501-5

Ⅰ.①邵… Ⅱ.①张… ②张… Ⅲ.①风俗习惯-
史料-天津市 Ⅳ.①K892.421

中国版本图书馆CIP数据核字(2014)第154796号

天津皇会文化遗产档案丛书
邵公庄萃韵自立吹会
冯骥才 主编

主　管：山东出版传媒股份有限公司
出版者：山东教育出版社
　　　　（济南市纬一路321号　邮编：250001）
电　话：(0531)82092664　传真：(0531)82092625
网　址：http://www.sjs.com.cn
发行者：山东教育出版社
印　刷：山东临沂新华印刷物流集团有限责任公司
版　次：2014年6月第1版第1次印刷
规　格：787mm×1092mm　16开本
印　张：8.25印张
字　数：100千字
书　号：ISBN 978-7-5328-8501-5
定　价：65.00元

（如印装质量有问题,请与印刷厂联系调换）
印厂电话：0539-2925659